On the Improvement Approach of Soft Power during the Construction Process of International Tourism Island

国际旅游岛软实力提升研究

李洁宇◎著

时事出版社
北京

目录

序言

国际旅游岛是既定目标，为了实现这一目标，海南省委省政府付出了不懈的努力。旅游岛的建设不是省委省政府自己的事情，而是惠及海南岛内岛外人民的事情。把海南建成国际旅游岛，体现了海南省委省政府的责任担当，他们有决心、意愿和斗志服务于海洋强国战略，服务于国家海洋事业，为祖国建设好南疆是海南义不容辞的使命。

海南发展落后、起点低，岛民整体素质不高，旅游业服务意识不强等等诸如此类的问题是海南在国际旅游岛的建设进程中面临的最大实际问题。没有软实力的发展，海南无法建成国际旅游岛，无法做大做强旅游业品牌。本书的初衷是从软实力出发为推进海南国际旅游岛建设出谋划策，期望能为海南自身发展和旅游业的振兴做出力所能及的贡献。

本书分为五章。

第一章介绍软实力的概念及海南国际旅游岛软实力的内涵。凸显软实力和硬实力的区别，让读者对软实力的概念有明确的认识，清除他们不明白何谓软实力或对此存有概念混乱的现象，在读者头脑中树立国际旅游岛软实力来源在于旅游品牌创立、旅游业服务素质、岛民安居乐业、随遇而安的文化心态等等。

第二章介绍了东盟发展旅游业软实力经验对海南建设国际旅游岛的借鉴意义。回顾了东盟国家发展旅游业的先进经验，对比分析了海南旅游岛软实力比较弱的表现及原因，并提出一般意义上而言海南应该如何提高旅游业的软实力。

第三章分析了海南国际旅游岛软实力提升的路径。“红色旅游”是海南的特色产品，革命战士浴血奋战保家卫国的英勇事迹流传至今，是海南人民的宝贵财富，红色旅游中蕴含的革命精神对当下建设国际旅游岛具有启示意义，激励现代人传承革命精神，沐浴革命情怀。发展红色旅游有利于提升海南国际旅游岛软实力。

第四章分析了海南在21世纪海上丝绸之路倡议背景下应如何提升国际旅游岛建设进程中的软实力。旅游岛的软实力包含旅游方面的软实力，但不局限于旅游方面的软实力，前者来源更广泛，例如制度、文化、价值观念。海南应科学规划发展，通过立法做好制度设计，为发展提供源源不断动力，发展海洋文化产业打造丝绸之路沿途驿站。

第五章分析了如何动员一切可以动员的力量，让他们扮演好各自的角色，履行不同的职能分工，投身于国际旅游岛建设。

第一章 软实力和国际旅游岛软实力

软实力不是一个新概念，但是毫不夸张地说，许多人对于这个概念没有准确地把握和深刻地理解，更谈不上举一反三将这一概念广泛地应用于工作和生活的实际中。软实力是相对于硬实力而言的，它的来源、构成要素和实现路径都和硬实力有明显的差异。海南国际旅游岛的建设应注重软实力的发展，向岛内外游客展示海南的精神风貌和好客情怀，展示海南旅游从业人员的服务意识和人文关怀，注重在营销过程中注入更多的人文因素。本章具体分析了软实力的概念，运用比较分析法在硬实力和软实力的概念之间明确了界限，分析了海南国际旅游岛的软实力构成要素。

第一节 何谓软实力

软实力或软权力是由哈佛大学约瑟夫·奈提出来的，源于国际关系学术界，是在评判国际政治变化时创造的概念。国际关系学界有两种定义权力的方式——从行为角度和从资源角度。前者认为权力指让别人做他们不愿意做的事情的能力①，

① Robert A. Dahl，“The Concept of Power”，Behavioral Science，Vol. 2，No. 3，July，1957，p. 203.

后者认为权力资源包括人口规模、经济规模、自然资源、领土大小、军事力量和政治稳定性等。笔者更倾向于从行为角度定义权力。概括讲，权力是施加影响，使对方做他本来不会做的事情的能力。约瑟夫·奈创造了软权力概念，改变了人们关于权力就是强权的僵化观念。

硬权力与传统权力概念保持一致，指这样一种权力——让对方去做你期望他做的事情，方式是胁迫（coercion）或控制（control），软权力则是同化力，通过吸引（attraction）和规劝（persuasion）发挥作用——让对方想要你想要的结果。硬权力和软权力的区别在于：(1) 权力行使方式不同。前者依靠诱惑（胡萝卜）如援助或者威胁（大棒），用直接施加命令的方式改变对方行为。后者依靠非直接的权力行使方式，一国在国际政治中想要实现自己想要的结果是因为其他国家想要追随它，或接受一种能产生这种效果的体系。更具体讲，软权力运行的路径在于，设置议程，创建合适的环境如制度，塑造对方的偏好，让其用和自己一致的方式界定国家利益。(2) 权力来源不同。硬权力来源于军事实力和经济实力，易于观测，换言之，军事和经济实力大部分和硬权力相关，是硬权力资源。软权力则来自于文化、意识形态的吸引力和制度。软权力资源是文化，价值观念，具有包容性和宽容度、被视为合法的、协商性的并容纳他人的外交政策[①]，国际制度。

军事和经济实力同样能产生吸引力，军事上不可战胜的神话和经济上的非凡成就会使一种文化和意识形态具有吸引力[②]。奈认为，一个国家在世界政治中获得想要的结果可以是由于其

① Joseph S. Nye, Jr., "On the Rise and Fall of American Soft Power", New Perspective quarterly, Vol. 22, Issue 3, Summer, 2005, p. 76.

② 季玲：《权利的含义与软权力理论》，载秦亚青主编：《理性与国际合作：自由主义国际关系理论研究》，北京：世界知识出版社，2008 年版，第 188—189 页。

他国家因羡慕其价值观、模仿其榜样、渴望达到其繁荣和发展的水平而愿意追随之，这种权力是同化而非胁迫他人的软权力[①]。这等于承认了物质因素的吸引力。而且，文化在人类世界中无处不在，军事和经济实力作为物质财富的象征属于文化概念的固有内涵。但软权力概念的意义更在于对文化的非物质层面即无形因素的重视。

约瑟夫·奈认可国际政治的变化，认为在科技进步带来信息加工和传播成本降低的情况下，信息泛滥，人类进入信息爆炸时代，信息大量增加带来“充足的困境”，人们反而不知道应该去关注什么，导致“关注的缺失”。因此，在变化的时代，声望帮助博取关注度和吸引力，成为软权力资源[②]。在多种通讯渠道间游刃有余有助于提高传播信息的效率，帮助一国获得软权力，如美国大量出口肥皂剧并通过好莱坞电影传播价值观念，显示了强大的软权力。经济实力通常被理解为硬实力，但一国的经济发展模式因对他国的吸引力却能成为软权力资源。印度信息科技产业的发展极大地增强了其软实力，表现在：创造了新的发展模式，发挥了榜样示范性作用，引起他国效仿；信息技术使通讯和交流更为便捷和高效。借助于强大的信息产业，有“宝莱坞”之称的印度电影产业发展迅猛，是最大和最快捷的印度文化传播媒介。

如果一国的权力在他国看来是合法的，它在实现自己意愿的时候将遭遇更小的阻力；如果一国的意识形态和文化是有吸引力的，其他国家将自愿追随；如果一国能建立与其自身国内社会保持一致的国际规范，它本身无须承受必须变化的压力；

---

① Joseph S. Nye, Jr., Soft Power: the Means to Success in World Politics, New York: Public Affairs, 2004, p. 5.

② Robert O Keohane & Joseph S. Nye, Jr., “Power and Interdependence in the Information Age”, Foreign Affairs, Vol. 77, Issue 5, Sep/Oct, 1998, pp. 89 – 90.

如果一国能创建国际制度来框定或限制其他国家的行为选择，它将节省因行使胁迫性硬权力而支付的成本。

20世纪60年代末到70年代初，美苏力量对比出现不利于美国而有利于苏联的变化，苏联战略武器和美国形成基本均势。越南战争使美国受到严重削弱，而苏联加紧发展自己的经济和军事实力。西欧、日本等美国盟友不再是美国俯首帖耳的小伙伴，在外交政策上谋求独立性，日本成为世界第二大经济体。1973年爆发了石油危机，阿拉伯国家团结起来以石油为武器反抗美国在第四次中东战争中对以色列一边倒的支持，遭受重创的西欧对美国离心倾向更强烈。在美国霸权看来岌岌可危的形势下，奈提出“软权力”概念，反击美国相对衰落的悲观论调①，认为美国拥有强大的软权力即文化和价值观念的优越性使其仍可充当霸主。

冷战结束后，一些人陷入过于乐观的情绪，认为美国不可战胜，这种傲慢的态度受到奈的批评。奈阐述了全球化时代美国权力遭遇的悖论：一方面美国权力依然足够强大；另一方面，美国无力单独应对挑战，必须在国际社会中寻求合作与支持。对后者而言，软权力发挥的作用更大，必须引起美国政府高度重视②。奈认为，价值观作为软权力资源之一，体现在一个国家的国内政策、在国际组织中的行为及其外交政策中。如果一国推崇的价值观得到其他国家认可，而且其行事方式与推崇的价值观保持一致，其软实力就增强，反之，若其言行不一或采取双重标准，其合法性就会削弱，软实力则会受损③。

① 保罗·肯尼迪：《大国的兴衰》，陈景彪等译，北京：国际文化出版公司，2006年版。

② Joseph S. Nye，Jr.，The Paradox of American Power：Why the World's Only Superpower Can't Go it Alone，Oxford University，2002，p. 9.

③ Joseph S. Nye，Jr.，Soft Power：the Means to Success in World Politics，New York：Public Affairs，2004，p. 24.

文化的定义由来已久。在法国1690年版的法语《通用词典》中，对文化的阐释是“人类为使土地肥沃、种植树木和栽培植物所采取的耕耘和改良措施”。到18世纪，文化被用来形容一位受过教育的人的实际成就——良好风度、文学、艺术和科学。在1878年利特雷编纂的《法语词典》中，文化被解释为“文学、科学和美术的修养”，并被作为“培养”和“教育”的同义词来使用①。

到20世纪60年代，雷蒙·威廉斯在《文化分析》中提到文化的三种定义。首先是“理想”的文化定义。根据这个定义，就某些绝对和普遍价值而言，文化是人类完善的一种状态或过程。其次是“文献式”文化定义，根据这个定义，文化是知性和想象作品的整体，这些作品以不同方式详细记录了人类的经验。最后是文化的“社会”定义，根据这个定义，文化是对一种特殊生活方式的描述，这种描述不仅表现艺术和学问中某些价值和意义，而且也表现制度和日常行为中的某些价值和意义②。

人们总生活在特定的地域内。对特定地域的行为体来讲，文化是共性而非个性。广为接受的定义是，文化是人类创造的精神财富和物质财富的总和。从人类诞生的那一刻起，世界就处处被烙上了人类活动的痕迹，文化因此而诞生。一个杯子和一支钢笔等诸如此类人类经常使用的物质产品可被视为文化元素，寄托了人类对美的追求，体现了自古以来就被提倡的人文意识和人文关怀。

文化集中反映为价值观念。亨廷顿认为宗教是文化的主体，世界可被分为7个或8个文明圈，并把儒家文明定义为儒

---

① 徐行言主编：《中西文化比较》，北京：北京大学出版社，2008年版，第9页。

② 罗钢、刘象愚主编：《文化研究读本》，北京：中国社会科学出版社，2000年版，第125页。

教文明。儒家文化提倡的价值观念是仁、义、礼、智、信。中华人民共和国“睦邻、富邻、安邻”的外交政策是这一传统价值观念的体现。伊斯兰文明提倡的价值观念是公平、正义与和平，表现为对待妇女、孤儿等弱势群体的同情态度，在分配财产和从事贸易时遵循公平原则，并坚持男女之间应该有合理的分工。基督教文明信奉的价值观念是平等、博爱，表现为信徒之间的平等，基督耶稣宣扬神的统治在世间已经实现就是平等对待众人的态度。

文化还可被理解为人们普遍采取的包括风俗习惯在内的集体行为方式。这些集体行为方式不是无根之木，无源之水，其根源在于价值观念。如纳西族的走婚制度和傣族的泼水节，前者遗传了母系氏族社会女性崇拜的传统，后者则体现了对平安和幸福的企盼。

文化可被视为共同的心理情绪和民族感情。从意义的层面对文化进行剖析，我们可以将文化区分为表层文化现象——含文化产品、文化行为、文化艺术等，和深层文化要素——如价值观念、文化心理（像前面所提到的）、思维方式等[1]。一切社会进步来源于人类对美的追求。人类文明始于对人性美丑的争论，直面人性的不完善，正视人性中丑陋的一面。围绕着如何匡扶正义、去除邪恶和恢复被破坏的秩序，人类文明开始了伟大的历程。孔子周游列国，推行儒家学说，旨在实现对广大民众的教化，在他看来，实现秩序的途径在于培养有高尚品格的君子即完人。当今中国经历了以德治国和依法治国的争论，加强依法治国的力度，提倡以人为本的治国理念。依法治国和以人为本是不相矛盾的，前者承认了人性的完整，看到了人性中自私的一面，承认人是理性的行为体，用法律手段惩戒并预

---

① 徐行言主编：《中西文化比较》，北京：北京大学出版社，2008 年版，第 9 页。

防因此产生的犯罪行为。以人为本尊重人性的不完整并承认其客观原因，倾听不同群体的呼声和利益诉求，关注弱势群体，实现社会的平衡发展。共同的心理情绪和民族感情源于集体记忆，后者超越时空阻隔，随着人类繁衍代代相传，是特定群体在判断自我身份时的参考依据。比如，并非每一个中国人都参与过中日战争，但不管世界如何变迁，他们都不会忘却那段历史。

第二节　海南国际旅游岛软实力研究

海南处在国际旅游岛的建设进程中，必须注重软实力的研究。结合海南实际情况，它致力于实现的国际旅游岛的软实力应该指这样一种能力——营造有吸引力的环境，塑造游客在旅游地点选择时的偏好，吸引他们前来旅游，并在旅游过程中增加对当地的认同，采取当地期望的适当行为，促进当地社会的可持续发展。笔者承认物质因素对游客的吸引力，比如五星级豪华酒店的气派大堂等，但本书不涉及来源于文化的物质因素的吸引力，专注于分析文化的非物质层面。因此，本书认为国际旅游岛的软实力资源为：旅游发展理念，旅游目的地品牌创建和形象包装，旅游产品、旅游项目和旅游路线，与声望联结的旅游产品的信息传播，旅游服务质量，当地居民的形象。

一、旅游发展理念

旅游发展要遵循以人为本理念，提倡可持续发展方式，既满足当代社会发展需要，又照顾子孙后代的利益，在处理当下发展和后续发展的关系上坚持平衡协调的原则。旅游产业带动相关产业的发展，旅游产业和餐饮、住宿、娱乐、交通产业的合作将实现它们的共同利益。旅游产业发展要遵从政府统一指导规划，同时面向市场，在开发旅游资源，设计旅游产品、市场营销等方面发挥企业能动性，还要倾听来自旅游非政府组织的专业意见，保证各方力量的积极参与。

二、品牌创建

品牌是旅游目的地吸引游客的资本。旅游目的地品牌的建立有赖于当地特色文化。品牌不是无根之木、无源之水，品牌不是一夕之间就能建成的。品牌源于质量和特色，靠打广告建立起品牌是昙花一现，只能在短时间建立一个噱头，经不起时间的推敲和考验。质量和特色都是特性的体现，由此才显得珍贵。就服饰而言，有的服饰流于大众，毫不起眼。阿玛施作为成功的服装品牌，其服装主打款是职业装，这是其特色，布料舒适，上身效果挺括大方，这是其质量。

青岛是品牌之都，聚集了国内外大量知名品牌如红领、澳柯玛、海尔、海信、双星等，品牌本身就成了一种文化，青岛本地企业都会在产品市场开发过程中重视品牌效应，都自觉把创建品牌当作首要任务。再如四川，休闲是一种文化。慢步成都街头，看看周围悠然自得的市民，外来人有种明显游离在外无法融入的感觉，只有生于斯长于斯的成都人才能养成休闲的人生哲学，于内在和外在把休闲贯彻到底，最典型的例子就是搓麻将和摆龙门阵。“少不入川”语带诙谐而形象生动地描述了这一文化。再如湖南，让当地人最引以为傲的是红色文化。中国人有传统的家园意识，国即是家，皮之不存毛将焉附，牺牲小家，保卫国即是保卫家。家园意识激励中华儿女在遭受侵略时拿起枪杆，为保卫国家前仆后继。湖南是中国革命发源地，革命时代的抵御外侮和社会主义建设时期的丰功伟绩展现了一脉相承的爱国意识，展现了干事创业的豪情和追求卓越的精神气质，构成了与众不同的红色文化。

在改革开放年代，伴随通讯和交通技术的快速发展，国外旅游已不是奢侈品。有显著文化特色的国家是首选旅游目的地。美国是基督教宗教改革进程中建立起来的国家，英国的清教徒为躲避迫害，乘坐一艘名为“五月花”的船到达现今的马萨诸萨州，开始了这个国家的历程。基督教文明构成了美国的宗教文化，基督教的基本教义自由、平等和博爱是美国的国家象征。理解基督教文明孕育下成长起来的国民性格和他们的生活状态，美国无疑是首选。也正是基于此，美国成为移民国家，被称为大熔炉。贵族文化是英国的象征，对贵族生活的向往和热爱及对皇室的礼遇和崇拜构成了这种文化的元素，贵族不单纯象征等级身份，更代表生活方式，任何人都可以像贵族一样生活。贵族文化使英国吸引游客前去旅游，吸引学者前去求学。再如日本，承载“和、敬、清、寂”茶道精神①的茶文化举世闻名，一枝兰花是清幽茶室的唯一装饰，品茶即品心。温泉文化体现了日本人重视家庭伦理的传统，他们把泡温泉称为泡汤，泡汤是全家人共享天伦之乐的时刻。对游客而言，去日本旅游最大的吸引莫过于品尝茶文化和温泉文化的神韵。

三、形象包装

形象包装指用生动形象的语言诠释客体的价值，通常属于广告语范畴，框定了客体自身的市场定位和发展路径。青岛啤酒的包装是“不同的肤色，共同的青啤”，青啤旨在传播跨国

① 李红：《和敬清寂　茶禅一味——论日本茶道》，载《河南大学学报（社会科学版）》，2013 年第 2 期，第 134—135 页。

界文化，可以为全世界共享，其魅力不分国界，无关于种族。

任何一种产品都不是孤立的存在，反映了某种价值理念。比如杯子，使用它意味着人类告别野蛮时代，享受亲人陪伴、友人围绕的家庭生活，重视亲情和伦理的价值蕴含其中。任何产品的诞生都是文明大进程中的一小步，是人类寄托感情和理想的载体。再如手机，20 年之前，它还从未出现在人类生活之中，可如今确是人手一部再平常不过的电子产品，是人类改造自然，冲破时空阻隔的辛苦尝试和可贵成果。包装相当于广告语，是商品营销活动中的点睛之笔。五粮春的广告语是“名门之秀”，五粮春让人联想到五粮液，同出于名门，五粮液感觉粗犷豪迈，五粮春却让人感觉优雅秀气。“名门之秀”恰如其分地衬托出五粮春的典雅华贵，让爱好杯中物者一饮为快。

文化是人类创造的精神财富和物质财富的总和，这是广为世人接受的文化的定义。具体说来，文化还是某种价值观念，是人类共有的行为方式，比如风俗习惯，是共同的心理感情。文化不是抽象的，它有很多种，比如儒家文化和其涵盖的孝文化。既然产品反映了人类的价值观念即反映了某种文化，在对产品进行包装时，创造和这种文化之间的联系是明显的理性选择，再如著名的广告语“孔府家酒，让人想家”。如前所述，文化还是共同的心理感情，它源于集体记忆，虽然并非每代人都经历国家遭受侵略的历史，但对侵略者的仇恨却以集体记忆的方式流传下来。因此，利用民众心理对产品进行合理包装，也是理性的选择。

四、旅游产品、项目和旅游路线

旅游资源是旅游吸引物，是旅游目的地的魅力所在。在旅游资源基础上开发旅游产品，使静止的资源招财引资、衍生利润。旅游产品更新换代体现了思维的创新和时代的进步，体现了传统与现代的结合，有利于吸引游客领略特定文化的魅力。旅游项目依托特定背景而建，是文化的载体和平台，集中呈现特定文化的精髓，为不同文化之间的融合和交流搭建一座桥梁。设计精巧的旅游线路和旅游项目能让游客集中感觉当地文化的魅力。

每年8月份的第二个星期举办的青啤节，是青岛人民展示风采、结交中外游客和唱响啤酒品牌的富有当地特色的旅游项目。无论是豪华酒店还是路边小贩都能提供新鲜扎啤以飨食客，青岛人不喜茅台，独爱青啤。啤酒一条街在夜幕降临之时座无虚席，喝啤酒、吃烤肉、涮火锅，谈天说地，青岛市民乐于在放松惬意的环境中共享美食美景。他们赋予青啤的是难以名状的情意。青啤节是各国啤酒品牌的交汇地，这里儿童游乐设施、音响设备、文艺表演等一应俱全。每一个啤酒屋都有自己的风格，其基调展示了不同地区或国家的文化，你可以按自己的喜好随意选择，欣赏与之相应的文化演出，与周围人群共歌共舞。以项目为依托，主办方还为青啤节设计了很多活动，如举办青啤女神大赛和喝啤酒吹瓶大赛，烘托全民参与气氛，使之真正成为市民喜闻乐见的文化形式。

旅游路线应把当地文化资源串联起来，让游客从整体上把握当地文化的特色，采取“打包”形式，加强区域内外合作。再以青岛为例，八大关景区八种不同风格的建筑是青岛曾遭受外国侵略的见证，印证了该地区的殖民文化；青岛标志性建筑五四广场的巨型火炬象征了新中国人民的精神风貌，富于朝气催人奋进，一些为新中国诞生建功立业从而被共和国铭记的人物雕塑栩栩如生，五四广场和音乐广场相连，置身其中，强烈地感觉到积极进取又高雅温馨的气氛在身边流淌；将八大关景区和五四广场、音乐广场连接起来的是滨海一条街，沿着海边散步，任徐徐海风吹拂脸颊，感受历史沧桑中岁月轮回的变迁，听由风浪写成的海的故事，感觉凡人的渺小，好像任何烦恼都不值一提一般。青岛人民的善心也值得称道，他们乐于做“微尘”，通过凡人善举为社会贡献微薄力量，让点滴善心汇聚成浩瀚江海，只有生于斯长于斯的青岛市民真切明白“微尘”的含义，生活于任海浪冲刷拍打的海滨之城，人岂不只是渺若尘埃吗？青岛几大特征在于：处于号称孔孟之乡的山东，市民文明儒雅；地处海边，是开放之城；是山东经济发展的龙头和对外交流的窗口，和韩国、日本等国交流密切；曾遭受外国殖民，建筑风格保留殖民气息。因此，文明气质、礼仪之风、开放胸怀、小资情调、洋派格调都是青岛的文化元素，旅游线路的设计要将这些元素有机结合起来。

五、与声望有关的信息传播

当今世界，信息散发渠道多元，传播信息变得简单，选择哪一种方式更好地达到信息传播的目的日益重要。文化是无数生动元素的集合，其传播过程要伴有栩栩如生的画面和优美动听的声音，才能引起游客的共鸣，让他们有一睹为快的愿望。在此方面，互联网是信息交流的重要平台，用户相对受教育程度较高。2007 年，到欧洲和亚洲旅游的外国游客有一半以上使用因特网获取关于文化景点的信息，针对国际市场进行营销时，因特网是极为重要的传播文化景点和文化活动信息的平台①。但由于互联网信息过于泛滥，让人真假难辨，加强对互联网发展的有效监管，为信息交流创造干净清洁的空间，才能提升信息本身的吸引力。

---

① Richard, Greg, Cultural Tourism in Europe, CAB International, UK: Wallingford, 1996, pp. 19 – 25.

如前所述，信息爆炸导致关注缺失，声望是获取关注度的重要推动力，因此成为软权力资源。信息不等于宣传，前者是对世界的如实描述，后者旨在达到信息传播者本身或公开或隐秘的目的；前者兼顾传播者和受众者共同利益，遵守的原则是互利共赢，后者凸显传播者理性自私的一面，只考虑自身利益而不顾及其他。给人以宣传感觉的信息传播将引起受众的不满和反感，导致信息传播者丧失而非获得声望。伊拉克战争中，美国为获取支持，极力宣扬伊拉克藏匿大规模杀伤性武器，随着战争进程的推进，却未发现有此类武器，舆论的不满情绪削弱了美国的软实力。小布什政府的单边主义可见一斑，是否遵从国际规范要看能否有助于实现国家利益，奥巴马参加总统竞选打出“变革”旗号，时任国务卿希拉里提出要推行巧实力，意在以灵活方式综合运用硬实力和软实力，扭转前任政府过于注重硬实力忽视软实力而导致美国形象受损的局面。

提升声望，可选用权威电视台、报纸、电影作为信息平台，形式不拘一格。电影《庐山恋》是对庐山最好的宣传。中央电视台新闻频道曾在全国人民代表大会召开期间采访湖南电视台台长，无形中就宣传了这个传媒界巨擘。电视台传播优势在于视听效果，报纸则在于对信息的介绍全面系统而厚重深刻。和电视台、报纸等媒体合作联合打造文化项目，能起到联络媒体，又将项目做精做活的目的，效果事半功倍。也可选用权威人士现身说法，如邀请知名作家前往旅游目的地旅游，让其用理性的视角和感性的笔触书写感言。聘用形象健康、信誉良好的知名文艺界人士拍广告，或邀请著名主持人担当主持，借用其声势博取受众信赖。

六、旅游服务质量

旅游及相关产业人力资源质量，基础设施是否达到优质标准，决定旅游服务能否满足顾客需求，影响顾客对旅游目的地形象的判断。导游陪伴游客整个旅程，向顾客传达信息，为他们排忧解难，和顾客接触时间最长，其言行直接体现了旅游目的地的服务质量。

导游是民间大使，是一个地区的名片，游客了解特定区域的文化先从导游开始，后者行为直接影响游客对当地的印象。良好的导游行为是文化熏陶和感染的产物，导游身份的特殊性注定其担任文化交流的特殊使命。就中国而言，儒家文化讲究的“仁、义、礼、智、信”通过导游的行为可以得到淋漓尽致的展现。

导游的讲解词有共性和个性之分。共性体现为客观性，以客观事实为依据的讲解词自然有相似之处。个性体现为导游的个人风格，与导游本人成长经历、情感体验和受教育程度密切相关。任何史料都是文本，在尊重特定文本的前提下，对历史可以有自己合情合理的解读，更能凸显讲解词生动活泼的一面，而去除枯燥乏味和千篇一律之感。共性展现了“信”，反映导游在持证上岗之前，经过了程序规范的考试和关于职业技能及职业道德的培训，他们以尊重当地发生的客观事实为起点，而并非没有根据地信口开河或为博取噱头自说自话，这体现了对游客负责任和讲诚信的态度。个性则体现了“智”，导游个人特色为讲解词增色不少，其独特见解为讲解词注入人性化的气息，灵活应对游客的发问展现其机智、知识素养和导游功底。讲解是一门艺术，基本功扎实、功底深厚的导游会综合运用来自于多个领域如科学、建筑、历史学科的元素，并通过类似于讲故事的方式赋予这些元素以生命力，提升游客对当地文化包括特有风俗的理解和欣赏程度，增强其对当地的认同感，培养其关爱当地环境的意识，进而促使其为妥善维护当地资源而从事适当的行为，具有点石成金、化腐朽为神奇的功效，能让山山水水都变得灵动而充满活力，在游客心目中建立起关于旅游目的地的积极形象。

更具体地讲，导游的“信”还体现在对旅游目的地历史人物和发展现状的如实描述上。一味唱赞歌的“歌德”派只看到事物好的一面，无视坏的一面，于帮助游客树立全面认识无益，于在游客中树立起威信无益。在游客中引起广泛共鸣的讲解词应表达对当地发展的关切，剖析问题，正视不足，唤起游客内心深处对类似经历的回忆，唤醒人性中共同的东西，让他们自觉关注当地发展，进行换位思考，把自己看作融入当地社会的元素而非外来人士，通过移情作用在情感上参与当地的发展，如此一来，他们将采取有益于当地文化完整和生态保护的行为方式。旅游目的地的可持续发展就是通过这样的方式来推进的——让游客进入在内而不是游离在外，让他们产生同情而不是疏离的情绪。

“信”还体现在信守承诺，遵循既定旅行线路，不变相更改行程，不哄骗顾客增加额外消费。对既定线路的具体细节、其对当地的意义、线路设计对游客的意义，比如在何种程度上节省时间提高效率等，导游事先应有明确的介绍。在两个旅游景点途中，为游客提供基本信息，诸如旅途花费的时间、旅游目的地之间的距离、旅游景区布局、基础设施、当地特色、安全保障等，旨在让游客产生舒适放松又安全可靠的感觉。

“仁”体现在对游客的关心，将人文关怀意识注入整个旅游过程。导游要从生态环境保护和社会文化发展的角度，向游客讲明旅游目的地希望游客遵守的行为规范。一句关切的提醒，一句温暖的问候，一个随意的搀扶都能拉近导游和游客的距离。注意到游客的不同喜好和需求，在安排食宿时格外留心，尽量达到让每个游客吃得放心，住得安心，出门在外事事顺心，将有效提高游客对旅程的满意度。让朋友告诉朋友，让大家告诉大家是常见而安全的信息传递方式，良好口碑因此建立，游客间交口相传是最好的广告方式，旅游目的地对潜在游客群体的吸引力由此形成。

提倡“义”有助于肃清导游靠引诱顾客到特定商店消费以趁机拿回扣赚钱的不良现象。相关管理部门不仅要彻查并清除拿回扣的行为还应鼓励导游，在游客自身利益受损时仗义执言，帮助游客在信息不对称的情况下进行公平交易，或求助于物价局将市场交易信息公开和透明化，以保障游客权益。

“礼”指发扬中国礼仪之邦的优良传统，以礼相待，让游客感觉到充足的舒适度。接待游客热情但不让人感觉厌烦，和游客交往保持适度距离，避免扎堆现象，秉承微笑服务理念，在“君子之交淡如水”意境中让人有如沐春风之感。不打听游客隐私，不议论游客过失，不指责游客无知，以彬彬有礼姿态让游客感受服务质量的均衡。对待国外游客尤其应该如此，过分热情、公私不分、侵犯私人空间让其避之唯恐不及却又深感无奈，保持随意自然是对待这一群体应该掌握的尺度。

七、居民形象

旅游目的地的居民不仅是主人，其本身还是被游览和参观的对象，帮助游客界定当地的文化意义和气氛。当地居民整体上的形象取决于以下因素：

第一，语言。旅游目的地的居民素质是极为重要的软实力资源，体现了当地教育程度，而教育属于高雅文化，衡量教育先进与否的标准之一是语言。对中国来说，普通话是规定的官方语言和交流的基本工具，熟练操作普通话进行正常交流是中国公民必备的基本素质。文化有共性和个性之分，个性是建立在共性基础之上的独特性。新中国的文化坚持了儒家文化的精髓，在固守传统的同时显得更加开放和包容。举例来说，新时期湖南、湖北的独特文化建立在新中国共有文化基础之上，普通话是这一共有文化的组成元素。语言是文化的基本要素之一，广为推行的普通话在某地区得不到广泛使用，只能折射该地区的落后文化。从实践层面而言，如果普通话在某地普及程度较低，将严重影响该地区的对外交流，使其错失经济发展和社会进步历程中的诸多机遇，让其在改革开放时代遭遇弱者越弱的尴尬，更谈不上增加对地区外游客的吸引力。

第二，行为是否普遍合乎规范。规范意识是社会进步的表现，体现了对他人的尊重，遵守规范有助于形成利己利人的行为。如果每个人都理解交通规则的含义，自觉遵守交通规则，将极大程度上减少不幸事件的发生概率。日本人强烈的规范意识尤其体现在遵守交通规则方面，而相比较而言，中国人整体上在此方面尚存较大差距。北京奥运会举办前，记者采访北京市长王岐山，问他最担心的问题是什么，后者回答，最担心的是参差不齐的市民素质。

第三，对待游客诚信与否。游客和旅游目的地居民是两个信息不对称的群体。由于信息不透明，游客的选择空间受到诸多限制，利用信息优势，当地居民对游客进行欺瞒哄骗的行为时有发生。出租车司机、市场小贩、商店售货员等最容易接触游客的群体是旅游目的地的名片，他们不守行业规范的行为将严重影响游客对当地的印象。儒家文明提倡“信”，即追求信誉，信守承诺，与这种欺诈行为格格不入。

第四，精神气质。居民是特定区域文化的缩影，其精神风貌决定于该地区的特定文化，直接影响游客对当地的印象。生活在北京的出租车司机，习惯了京城的大气恢宏，关注的是精神生活的富足，不介意物质文化的匮乏，言谈间津津乐道的是国家大事，丝毫不将琐屑零碎的市井纠纷放在心上，这就是北京市民的精神气质。

第二章

借鉴东盟经验提升国际旅游岛软实力

国际旅游岛建设已吹响号角，走过了为期 7 年的征程。进程重于结果，为旅游岛建设进程注入活力，用文化元素装扮国际旅游岛以提升它的软实力，将推进这一伟大的战略工程。海南致力于建设的是省域国际旅游岛，应拿出经济特区的魄力和勇气，学习旅游业比较先进的国家或地区的经验为己作用。正所谓“他山之石，可以攻玉”，海南因改革开放而生，也应因改革开放而兴。东南亚国家已成为国内游客外出旅游的热门之地，这些国家在打造国际旅游目的地进程中积累下来的经验对海南有重要的借鉴意义和启示作用，海南应该认真总结，对照自身，结合海南实际情况予以消化吸收。东盟在长期的旅游业发展实践摸索中，付出了代价，缴纳了学费，收获了成功，借鉴其经验，海南能有效降低成本，提升国际旅游岛建设进程中的软实力。

第一节　东盟旅游业发展经验的文献梳理

东盟旅游业俨然已成为品牌，这背后既有东盟作为一个国际组织付出的努力，也源自于东盟国家自身的摸索。关于东盟旅游业的经验，有一些书籍做了很好的梳理。

一、东盟旅游业研究文献分类

当前关于东盟国家旅游业发展经验和具体举措的文献可分为下列几类。

第一类，东盟国家旅游业发展史和经验教训。

《新加坡的旅游政策——通向完美的历程》①：建国之初，新加坡片面追求经济增长，导致基础设施建设规模过于庞大，降低了它作为旅游目的地的吸引力，为扭转新加坡在游客心目中日渐滑坡的形象，新加坡调整旅游政策，开始注重对文化和历史遗址的保护，在合理适度发展基础设施和保存文化资源之间寻求平衡。1996 年，新加坡打出“新亚洲—新加坡”的旗帜，向世界表明建设亚洲旅游枢纽的决心。新加坡在世界旅游市场上具有明显优势：优越的地理位置，先进的基础设施，教育、商务、医疗方面的优质服务和英语语言环境。

《菲律宾的旅游发展和政治》② 认为，政治环境为旅游产业发展创造了整体氛围。党派纷争、家族政治、效率低下的司法体系和军人干预政治是菲律宾政治文化的显著特征，制约了旅游业的发展。菲律宾旅游资源丰富，但旅游产业发展状况不佳，国内频繁上演的暴力恐怖主义事件让游客望而却步。

《泰国旅游：图谱、趋势和限制》③ 回顾了泰国旅游业发展历程和当前状况，以泰国最富盛名的休闲度假胜地普吉岛为

---

① Yose Hermana & Mayasuri Presilla，Tourism Policy in Singapore：A Journey to Perfection，in Pusat Penelitian Sumberdaya Regional eds.，Tourism，Culture Identity，and Globalization in Singapore，Research Center for Regional Resources，Indonesian Institute of Science，2007，pp. 53 – 94.

② Joan C. Henderson，Tourism Development and Politics in the Philippines，Tourismos，Vol. 6，No. 2，Autumn 2011，pp. 159 – 173.

③ Nick Kontogeorgopoulos，Tourism in Thailand：Patterns，Trends，and Limitations，Pacific Tourism Review，Vol. 2，1998，pp. 225 – 238.

例，说明虽然旅游业带来了财富增长，但当地居民的持续反抗反映了旅游业带来的社会问题，比如环境污染、产业结构失衡、旅游产业收益分配不均等。泰国政府和旅游产业代表要在推动旅游业发展的同时，注重旅游产品和服务质量以及可持续性问题。

第二类，东盟推进旅游业发展的举措。

《东盟一体化和它对旅游业的影响》① 分析，2009 年在泰国召开的第十四届东盟峰会推出东盟政治安全共同体、经济共同体和社会文化共同体蓝图。社会文化共同体蓝图为东盟未来几年的行为全面详细地提出了一系列建议，希望建立东盟共同身份、共享型和关怀型的和谐社会，提高社会福利和民众的生活水平。一些建议直接和旅游产业发展有关，希望将其融入共同体建设进程，使旅游业自身发展能平衡协调多方因素，以公平方式促进经济增长，并“管理”经济增长。

《东盟旅游战略规划》② 认为，东盟成员国正致力于共同体建设，旅游业是促进共同体进程的润滑剂。规划和管理不善的旅游业将为旅游目的地带来负面影响，而日渐成熟的东盟则有能力使旅游业帮助解决贫困、文化遗产保存、环境污染等社会问题。经历长时间的论证和磋商后，《东盟国家旅游发展规划（2011—2015）》出台，其指导思想是兼顾多方利益，促进负责任和可持续的旅游业发展模式，不剥夺旅游目的地民众的机会，不损害他们的生活质量。规划设置了三个战略目标：发展体验型和创新型旅游产品，制定有创造力的销售和投资战略；提高旅游目的地基础设施、服务和人力资源质量；提高和

---

① Asean Integration and Its Impact on Tourisms, A Technical Paper Prepared for the UNWTO Member States belong to ASEAN, World Tourism Organization, January, 2010.

② ASEAN Tourism Strategic Plan: 2011—2015, Pawinee Sunalai, CITU Review, No. 3, 2012, pp. 1 – 6.

推进东盟内部的联合性和旅游便利化。

第三类，东盟国家发展旅游业措施。

《东盟国家发展旅游业的策略》[①] 认为，东盟国家旅游业之所以迅速发展，和东盟国家制定和实施正确的发展策略紧密相关。各国政府重视，加强规划管理和国际合作；多方筹集资金，加速旅游资源开发和配套设施的建设；发挥各国优势，不断推出新的旅游项目；不断提高旅游服务质量；加强在国外的宣传；制订中长期旅游发展计划。

《东盟国家旅游业迅速发展的原因》[②] 认为除东盟国家有优越的旅游资源和设施外，东盟国家的得力措施，如科学管理和优质服务，增加对旅游业的投资，创新旅游项目，高效宣传促销活动，多层次旅游合作等促进了旅游业的发展。

第四类，中国和东盟旅游合作。

《中国—东盟旅游合作研究》[③] 认为，中国和东盟开展旅游合作有良好的基础，双方开展旅游合作的内容应该是全方位与多层次的，应包括：旅游基础设施建设，客源互送活动，开发旅游产品，旅游人才的合作、交流与培训，建立中国—东盟国际旅游联合投诉中心。

二、东盟旅游软实力分析

这里从整体和局部两个角度分析东盟旅游方面的软实力。局部和整体不可分割。1967 年建立的东盟实现地区联合，在美

---

① 李晨阳：《东盟国家发展旅游业的策略》，载《东南亚》，1995 年第 1 期，第 13—18 页。

② 胡平：《东盟国家旅游业迅速发展的原因》，载《亚太经济》，1997 年第 3 期，第 10—14 页。

③ 秦慧、阮思阳：《中国—东盟旅游合作研究》，载《桂林旅游资源高等专科学校学报》，2007 年第 4 期，第 582—585 页。

苏争霸的冷战期间选择了以团结求自强的方式。东盟共同体已初步建成。东盟成员国参与共同体进程，分享联合带来的互利共赢式实效，但它们本身的发展与东盟发展并行不悖，联合是整合资源优势将利益最大化，而非以任何理由干涉成员国内政。不能脱离局部谈整体，也不能脱离整体谈局部，因此以下从两个层面进行分析。

（一）旅游发展理念

1. 广泛参与

2003 年 10 月 7 日，东盟领导人在于印尼巴厘岛召开的东盟峰会上决定到 2020 年建成东盟共同体。共同体有三大支柱：政治安全共同体、经济共同体和社会文化共同体，它们互相连结，彼此支持，共同致力于实现该地区可持续的和平、稳定和共同繁荣。

2007 年 1 月 13 日，东盟领导人在决定将东盟共同体建成的日期提前至 2015 年。2008 年 12 月 15 日生效的东盟宪章体现了推动建立以政治凝聚力、经济一体化和承担社会责任为特征的东盟共同体的既定战略。作为后续行动，2009 年，在泰国举办的第十四届东盟峰会上，《东盟共同体路线图宣言（2009—2015）》出台并获批准，东盟领导人重申推动民众广泛参与东盟共同体建设进程的承诺。广泛参与指让媒体、青年一代、公民社会和议会组织等参与决策制定进程。该峰会还出台了《共同体蓝图》和《路线图》，以更平衡、包容和可持续的方式推动共同体建设进程①。

《东盟社会文化共同体蓝图》声明将建立以民众为中心的负责任共同体，旨在形成共同身份，建立一个充满关怀意

---

① ASEAN Integration and Its Impact on Tourisms，A Technical Paper Prepared for the UNWTO Member States belong to ASEAN，World Tourism Organization，January 2010，p. 12.

识和共享精神的包容与和谐的社会，提高民众的生活水平、社会福利和富裕程度，实现东盟国家和民众内部的团结和联合。

第十四届东盟峰会本身就体现了广泛参与的原则，系东盟发展史上第一次。大批非政府组织参加了这届峰会，并宣称要将东盟宪章提到的公民社会的参与变成现实，赋予以民众为导向的共同体以实际意义。这些非政府组织的代表获准与东盟成员国领导人进行30分钟的会谈，并提交了一份由1000多个东盟非政府组织、工会起草的声明，表达了对人权问题、环境灾难、金融危机和全球化等问题的关切①。

第十四届东盟峰会召开期间，第一次东盟媒体人论坛在曼谷召开，主题是“利用媒体实现东盟一体化”，参会记者们表示，如果共同体真要建成，东盟民众需要更多互动，媒体需要发挥关键作用。

对于旅游产业来讲，第十四届东盟峰会上最具有意义的事情是《东盟社会文化共同体蓝图》的通过，该《蓝图》致力于建立东盟身份的整体性战略目标，并为其制定了一些分目标，提供了清楚的路线图，提出了一系列具体的建议。旅游产业将引领这些建议措施的落实。与旅游有关的分目标是：（1）通过环境教育和公众参与，促进可持续发展。建立文化资源丰富、清洁和绿色的东盟，民众和自然和谐共处，民众掌握环境保护知识，接受环境伦理洗礼，愿意并能够通过环境教育和公众参与推进地区可持续发展。（2）推进滨海和海洋环境的可持续利用。保证东盟的滨海、海洋环境和经济活动得到可持续的管理，生态环境、原生态地区和物种得到妥善保护，民众保护滨海和海洋环境的意识得到提高。（3）保护东盟文化遗产，促

① ASEAN Integration and Its Impact on Tourisms，A Technical Paper Prepared for the UN-WTO Member States belong to ASEAN，World Tourism Organization，January 2010，p. 17.

进民众对于该地区独特历史、成员国文化共性和差异性的意识和理解。

《蓝图》提出的与旅游有关的具体建议是：让主流媒体宣传东盟所有的文化项目，包括文化遗产；在东盟内部和东盟与其成员国之间加强媒体人士的交流，建立通信技术人才网络；建立东盟各城市、城镇尤其是文化资源丰富的城市、城镇之间的联系；加强东盟内部和东盟与对话国之间的民众互动和交流，通过开展文明之间的对话，并让媒体展示这些对话的效果，鼓励东盟民众之间的互相理解和彼此包容；保护传统手工艺品制造业和以这些制造业为生的乡村地区，尤其是少数民族地区①。

2. 可持续发展理念

东盟成员国旅游产业的发展并非一帆风顺，旅游大国泰国也是在付出代价之后培养了可持续发展理念。作为泰国著名的旅游胜地，普吉岛被称为“安达曼的珍珠”。1974 年，泰国旅游组织在综合考察普吉岛的旅游资源后得出结论，普吉岛拥有丰富的旅游资源，有发展休闲旅游的巨大潜力，应该成为该地区国际旅游发展的重点②。

到 20 世纪 80 年代，普吉岛从一个鲜为人知的专门从事矿业和橡胶生产的地区成长为著名旅游胜地，游客人数从 1976 年的 2000 人攀升到 1989 年的 533545 人。旅游业过于迅猛的发展带来了一系列问题，改变了地理空间布局和产业结构，酒店和公寓分布密集，服务业取代农业和采矿业成为重点产业，并成为支付最高薪水的产业，酒店和饭店创造了最多的就业机

---

① ASEAN Integration and Its Impact on Tourisms, A Technical Paper Prepared for the UNWTO Member States belong to ASEAN, World Tourism Organization, January 2010, pp. 27－28.

② Nick Kontogeorgopoulos, Tourism in Thailand: Patterns, Trends, and Limitations, Pacific Tourism Review, Vol. 2, 1998, p. 231.

会。在10年时间内，旅游业的发展改变了普吉岛的经济和社会面貌。普吉岛旅游发展出现错位：一方面，它靠天堂一般的形象吸引游客；另一方面，滨海小镇的快速城市化和由此带来的污染破坏了这一形象。

20世纪80年代，泰国政府认识到旅游业发展带来的机遇和挑战，雇佣日本国际合作社为泰国南部制定综合性旅游发展规划。新的旅游发展规划认为：普吉岛的旅游资源是海滩和文化及历史遗址，保存并修缮历史性遗址，为专慕自然风光之名而来的游客提供更多选择，建立长效环境保护机制，治理环境污染。1997年3月，泰国发展研究院代表泰国旅游局制定了国家旅游发展规划，集中在三个领域付出努力：环境修复和保护，生态旅游基础设施建设，增加当地社区收入①。

东盟关于旅游产业发展的蓝图体现了可持续发展理念。2009年，促进东盟旅游合作特别工作组在第九次会议上决定，准备出台《东盟旅游战略规划（2011—2015）》，旨在推动实现在2015年建成东盟共同体的宏伟目标。该规划的目标是，为促进营销、开发旅游产品、制定服务标准、促进人力资源发展和推进地区内外交流合作提供总体方针，并设计一系列活动和项目。

为促进规划顺利出笼，2010年东盟旅游论坛确立了六大指导原则：体现整体性和差异性、具有层次感的组织结构，统筹东盟旅游产业发展进程中的诸多因素；推进可持续和负责任的发展方式，既保证当地居民中的弱势群体直接受益，又避免旅游业发展不会带来负面影响，如房价飙升、环境质量退化、文化遗产保护不周等；促进政府部门和私人组织的合作，为促进和维持旅游业的发展创建具有粘合性、内聚力和一体化的机

① Nick Kontogeorgopoulos, Tourism in Thailand: Patterns, Trends, and Limitations, Pacific Tourism Review, Vol. 2, 1998, p. 236.

制；提升旅游产品质量，满足游客对富有多样性、灵活性和高质量旅游产品的需求，使东盟不仅能妥善应对竞争日益激烈的旅游市场的挑战，提升市场份额，而且朝向世界顶级旅游目的地的目标迈进；建立以游客为中心的服务体系，创建世界顶尖水平的服务标准；开发与众不同的体验式旅游，发展游客和旅游目的地之间的互动[①]。

《东盟旅游战略规划（2011—2015）》为东盟旅游业发展提出了指导思想：到2015年，东盟将为该地区数量激增的游客提供真实而有差异性的产品和平安及安全的环境，提升服务质量，同时加强和所有利益相关方的合作，通过负责任和可持续的旅游发展为当地居民带来机会，保证提高他们的生活质量。三个具体的战略目标是：开发体验型和创新型地区旅游产品，制定有创造性的市场开发和投资战略，提升该地区人力资源、服务和基础设施的质量。据估计，至2015年，到东盟旅游的国际游客数量将上升25%达到8670万[②]。

可持续发展是东盟旅游战略规划的一个重要主题，国际游客数量只是衡量该地区旅游业成功的一个标志，当地居民的生活质量，自然和文化遗产的保存，高水平服务质量是衡量该旅游规划是否成功实施的重要要素。

3. 合作理念

2002年11月，第八届东盟领导人峰会签订了东盟旅游协定，致力于推进外地游客到东盟的旅游和东盟内部的旅游活动，促进旅游产业内部的合作以提升效率和竞争力，建设旅游和旅行服务一体化网络以最大限度发挥该地区内旅游资源的互

---

① ASEAN Tourism Strategic Plan：2011—2015，Pawinee Sunalai，CITU Review，No. 3，2012，p. 2.

② ASEAN Tourism Strategic Plan：2011—2015，Pawinee Sunalai，CITU Review，No. 3，2012，Tourism in Thailand：Patterns，Trends，and Limitations，p. 3.

补性，促进成员国在人力资源发展和培训方面的相互支持，为政府部门和私人组织间的合作创造便利条件。

东盟国家旅游组织和东盟旅游协会联合打造了“东盟一游”项目，通过多样化的营销活动把东盟从整体上包装成一个旅游目的地，其目标市场包括短距离的中国、日本、韩国以及远距离的中东、欧洲和美国。为制定东盟旅游战略规划召开的一系列磋商会议针对东盟旅游业发展现状提出建议，认为东盟国家旅游组织和非政府部门在营销方面的合作力度尚待加强，并指出把东盟作为一个整体意义上的旅游目的地进行营销应有别于各成员国单独的营销活动。

东盟加强了和对话国如中国、日本、韩国、印度、俄罗斯、欧盟、美国、新西兰和澳大利亚的合作，让这些国家或地区为自己提供技术支持，并和他们联合开展人力资源发展、营销、生态旅游等项目。东盟—日本合作中心联合为导游提供技能培训，为东盟成员国国家或地方级旅游事务办公室工作人员提供培训，针对在日本电视网络和东盟空中电视播放的视听资料的制作展开合作。东盟—韩国合作中心成立于 2009 年，联合举办了东盟文化和旅游交易会，为东盟十国提供韩文版东盟旅游手册，在东盟十国开展关于韩国文化、韩语和韩国旅游发展趋势的培训。

（二）旅游目的地品牌创建和形象包装

2010 年东盟旅游论坛确定东盟旅游的品牌是“东南亚——感受热情”，官方网站是 www. southeastasia. org，得到东盟各成员国旅游部长的支持。东南亚在传承着本土文化的同时，又敞开胸怀吸纳外来文化，形成了多元并存、和而不同的文化格局。例如，在柬埔寨，离吴哥窟不远有一座巴戎寺，主要由 49 座“四面佛”塔组成，其雄伟而精美的佛教雕刻艺术，同吴哥窟婆罗门教建筑艺术交相辉映，相得益彰。在印尼，大多数岛上都矗立着绿色的清真寺，随处可听到高音喇叭里传出诵读《古兰经》的声音，可是在巴厘岛至今仍然保留着对印度教的信仰和对多神的崇拜。泰国王室和政府历来鼓励各种文化融合，赞成各民族通婚。华人与泰人通婚的现象非常普遍，以至很难分清谁是华人谁是泰人，于是有了“中泰一家亲”的说法。多元文化体现了东南亚人民的胸怀与包容，“感受热情”凸显了东南亚的文化魅力。

印尼总领事馆对印尼旅游做出的宣传是“欢迎来到印尼，最具有多样性的国家”。印尼盛行多元宗教，宗教信仰自由原则被写进宪法，85%的人口信仰伊斯兰教，其余还有四大流行宗教，分别是天主教、新教、印度教和佛教。在一些较为偏僻的地区还保留了传统的信仰。

印尼的工艺和艺术是对生活的精彩诠释，来源于其丰富多彩的文化遗产。很多地方比如爪哇和巴厘的传统艺术作品来自于古代王国宫廷，形成了宗教仪式不可分割的组成部分。民众参与性极高的纪念性表演活动遍布群岛，俯拾即是。爪哇和巴厘的舞蹈追求特定的表现手法和艺术性，而苏门答腊大部分地区的舞蹈表现形式不拘一格，优雅别致，充满魅力，并伴有一种独特乐器弹奏的音乐。印尼的各种艺术传统保留得很好，不但盛行于民间，而且被珍藏在政府负责管理和兴办的艺术研究院。对艺术的不懈追求表达了印尼人民对生活的无限热忱，他们对传统进行现代化的革新，使之跟上时代发展的潮流，为未来创造了强大而充满活力的文化根基。

香料和辣椒是印尼饮食文化的主要元素，作为主食的米饭常见诸于寻常人家的饭桌，玉米、西米、树薯和红薯在群岛东部地区更为常见。群岛四周环绕的海域和淡水浴场为岛民提供了大量的海鲜，品种丰富的水果和蔬菜在每个季节都可以找到。

号称“千岛之国”的印尼，每一个岛屿都有自己的特色。巴厘岛靠自然风光取胜，在喧嚣尘世中有超然独立的姿态，梯状稻田是这里的主要景观，空气中流淌着小河流水潺潺的声音。一群贯穿岛屿中部的火山将其分成两部分，在巴厘岛的任何一个角落都可以看到火山的影子。在巴厘岛东部，坐落着龙目岛。长久以来，龙目岛被笼罩在久负盛名的巴厘岛的影子之下，而现在，它已成为旅游市场上的一道风景线。纯净没有污染的海滩是龙目岛的主要特色，它的口号是“在龙目岛你可以看到巴厘岛，但是在巴厘岛你却看不到龙目岛”。

苏门答腊群岛见证了印尼的对外交流史，外来文化给群岛和整个印尼留下了深刻的烙印。南部的亚齐省是印尼第一个伊斯兰王国所在地，现在其民众仍然保留了虔诚的信仰。围绕着打巴奴里和多巴湖的地区是巴塔克部落的居住地，西部的武吉丁宜和巴东是独特的米南卡堡文化的故乡。爪哇岛饱经岁月洗礼，历史悠久而厚重。8 世纪到 10 世纪，印度—日本文化盛行于爪哇岛，婆罗浮屠是大乘佛教最宏伟的建筑遗址，在迪延高原虚无缥缈的高峰处有古老的印度教寺庙的遗址。

16 世纪和 17 世纪，欧洲海上强权为扩大势力和影响，采取扩张战略，昔日闻名于世的香料之岛莫卢克斯（Mollucas），即现今的马鲁古和巴布亚感受到了强大的冲击力，这段血雨腥风的历史留下了无法抹去的痕迹。欧洲殖民者的统治影响了当地居民生活的各个方面，使当地文化带有东西方交融的色彩。

新加坡是多元文化的交汇地，中华文化、印度文化和马来西亚文化造就了一种新的文化——新加坡文化。新加坡执政党一直提倡多元文化的理念，在营销过程中，旅游当局把文化和谐作为新加坡的特色。

在刚获得独立的几年，为吸引大批游客，促进经济增长，新加坡旅游政策把重点放在加强基础设施建设上，过大规模的基础设施建设给新加坡带来了负面影响，弱化了它的形象，降低了对游客的吸引力。新加坡及时进行自我反省，加强对文化和历史遗产的保护，把高科技发展、现代化基础设施和文化资源结合起来，立足全球进行自身形象定位。

1965 年，新加坡获得独立，开始致力于发展经济，提高民众生活水平，意识到旅游是以低成本和高速度获得外汇的方式。20 世纪 70 年代，新加坡开始严肃认真地审视旅游产业的发展，提出的口号是把新加坡建成一个“快捷的亚洲”，为凸显自身多元文化特质，举办了一系列活动诸如快捷亚洲文化秀、亚洲艺术和工艺品展览，向游客展示新加坡不同族群的舞蹈表演。为突出快捷特色，新加坡旅游局鼓励大量投资用于修建酒店等基础设施和人造公园，如飞禽公园。超过正常发展规模的现代化的高楼大厦和基础设施挤压了城市空间，城市化和工业化进程的过快降低了新加坡在游客心目中的地位，它似乎成了只会追求经济利益的拜金主义者。过去，人们想到新加坡，想到的是英式风格的建筑和大量历史遗址，而那时，它却堆满了现代化建筑。

20 世纪 80 年代，新加坡旅游当局意识到自身形象受损的危险，发起了一场“保护遗产”运动，制定了关于旅游产品发展的一些新政策，拨款修建少数族群社区，比如中国城、“小印度”等，目的在于促进新加坡人关于当地文化的自觉意识，这场运动丰富了新加坡的多元文化理念。

20 世纪 90 年代，新加坡尝试树立新形象——亚洲会议城市，希望建立与香港比肩的会议中心。它举办了 4795 场有 42.6 万人参与的国际和地方会议。1998 年，新加坡旅游会议决定将这个城市国家包装为“新亚洲—新加坡”①，致力于将新加坡打造为既发展高科技，又保持亚洲传统价值体系的旅游目的地，让游客感受东西方文化的交汇，传统与现代、新与旧的融合。新加坡主要采取了三个方面的举措：发展地区内旅游产业的合作，打破地理界线，用打包形式联合推出有互补效应的旅游产品；加强环境整治，建立绿色环保之城，建设世界级水平的基础设施；开展大型文艺和娱乐型活动。

2003年，“非常新加坡②”以简洁生动、活力四射的语言表达展示了新加坡的形象魅力。新加坡旅游局认为这是表达新加坡文化包括饮食、建筑和艺术多元化特征的最好语言。作为传统和现代、东西方文化的交汇地，新加坡是独一无二的，甚至它的饮食都是几种饮食风味糅杂混合的结果。

新加坡旅游局为2015年旅游发展制定了宏伟蓝图，要将新加坡打造为全球旅游之都：以充满活力的商业环境加强新加坡作为亚洲会展中心的地位，继续发展休闲游把新加坡建为亚洲服务中心，让游客在此享受比如保健和教育方面的优质服务。

（三）多元化旅游产品和创新型旅游项目

第一，东南亚国家有丰富的旅游资源。例如，菲律宾文化遗产丰富。西班牙修建的巴洛克风格的教堂，维甘历史名城，荣获“人类口头非物质文化遗产”称号的伊富高“哈德哈德”

---

① Yose Hermana & Mayasuri Presilla, Tourism Policy in Singapore: A Journey to Perfection, in Pusat Penelitian Sumberdaya Regional eds., Tourism, Culture Identity, and Globalization in Singapore, Research Center for Regional Resources, Indonesian Institute of Science, 2007, p. 65.

② Yose Hermana & Mayasuri Presilla, Tourism Policy in Singapore: A Journey to Perfection, in Pusat Penelitian Sumberdaya Regional eds., Tourism, Culture Identity, and Globalization in Singapore, Research Center for Regional Resources, Indonesian Institute of Science, 2007, p. 80.

民间史诗，伊富高山地居民开垦被称为“世界第八大奇迹”的巴纳韦稻米梯田，都是其充满吸引力的旅游资源[①]。印尼的婆罗浮屠是世界上最古老的佛塔，被誉为古代东方的四大奇迹之一；爪哇猿人遗址和北京猿人遗址齐名。泰国班清、农诺他遗址，越南的和平文化、东山文化遗址，以及分布于东盟国家的巨石文化遗址，对游客充满莫大吸引力。泰国奉佛教为国教，印尼是世界上最大的伊斯兰教国家，菲律宾是东南亚地区唯一的天主教国家，不同宗教的庙宇教堂、宗教节日各具特色。东盟各国都是多民族国家，亚洲文化与欧洲文化兼收并蓄，民族风俗异彩纷呈[②]。

第二，东盟各成员国负责自己的旅游产品开发，东盟国家旅游组织则将它们的旅游资源进行整合，将这些旅游产品进行打包。东盟国家旅游组织将各成员国具有号召力的旅游产品进行了归类整理。

表 2—1 东盟各国特色旅游产品一览表[③]

	文化遗址	饮食	节庆活动	创意	教育	手工艺品	城市	医疗	人
文莱	√								
柬埔寨	√	√	√	√			√		√
印度尼西亚	√						√		
老挝	√		√						√
马来西亚	√						√	√	
缅甸	√								

① Joan C. Henderson, Tourism Developmnet and Politics in the Philippines, Tourismos, Vol. 6, No. 2, Autumn 2011, p. 168.

② 胡平：《东盟国家旅游业迅速发展的原因》，载《亚太经济》，1997 年第 3 期，第 10—11 页。

③ ASEAN Tourism Strategic Plan：2011—2015, Pawinee Sunalai, CITU Review, No. 3, 2012, p. 4.

续表

	文化遗址	饮食	节庆活动	创意	教育	手工艺品	城市	医疗	人
菲律宾	√	√	√	√	√	√	√		√
新加坡	√	√	√	√	√		√	√	
泰国	√	√	√	√		√		√	
越南	√	√							√

说明：“文化遗址”指受联合国教科文组织认可的当地传统非物质文化遗产和少数民族群体聚居地等。“创意”指表演性和观赏性艺术活动、艺术设计等。“城市”指由贸易、工业化带来的繁荣景象，城市本身就是人类文明进步的表现。“人”指当地的土著民族。

东南亚各国根据实际情况，积极推出有特色的旅游产品。巴淡岛是印尼最受欢迎的旅游目的地之一。外国游客多选在周末，通常小住两天左右。巴淡大力发展滨海休闲游和运动游。洁净沙滩、湛蓝海水和怡人景色让游客陶醉其中，流连忘返。巴淡大力发展海洋运动游，游艇、冲浪、潜水和游泳等运动项目广受欢迎，而其他运动项目诸如高尔夫、足球等也有广阔的市场。享受这些产品的同时，游客还可享受来自世界各地的美食尤其是做法精致的海鲜食品。

菲律宾推出新婚蜜月游、运动游、休闲游、购物游、会展游和康养游。除高尔夫之外，其他喜闻乐见的运动形式如爬山、潜水、帆船、徒步和与海豚嬉戏游泳。长滩岛长达4千米的白海滩是世界上最美的十大海滩之一，景色如画，是对游客最好的犒赏和回报。菲律宾致力于发展会展产业，承办大型国际活动来吸引中外游客。

2003年，新加坡重点向中国和印度市场推出求学游和康养游。新加坡教育体系完善，旅游局教育服务部推出“全球学府”活动，历时9个月，向世人展示本国先进的教育经验、卓越的教育质量和安全的舒适社会环境。凭借世界上一流的保健标准和保健设施，良好的生态环境和发达的生物医学科技，新加坡保健体系被国际卫生组织评定为亚洲最佳，针对印尼、马来西亚、菲律宾、中国和印度市场发起了医疗服务攻势。

第三，旅游项目为东南亚各国旅游业增色不少。1987 年，泰国举办了其旅游发展史上具有里程碑意义的大型活动——泰国旅游年（Visit Thailand Year）纪念其国王普密蓬 60 岁生日，使游客数量增加 24%。该活动收获的成功引起其邻居马来西亚、印度尼西亚、新加坡和菲律宾群起效仿，举办了类似的活动。最终，使这股热潮攀上顶峰的标志是 1992 年东盟旅游年的出台，专为纪念东盟成立 25 周年而设置①。1998 年，泰国旅游当局推出“神奇泰国”项目，从 1998 年 1 月 1 日到 1999 年 12 月 31 日历时将近两年的时间，包括购物游、冒险游等旅游产品，并举办泰国食品展等大型文化活动②。马来西亚吉隆坡武吉免登购物区中心的阿拉伯风情街让中东地区的游人有回家的感觉。继旅游年活动之后，马来西亚政府在文化和艺术方面举办了“浮罗交怡节”“丁加奴海滨节”“古晋书”“马来西亚沙龙摄影展”等，在体育方面举办了“国际风帆赛”“国际赛船会”“国际龙舟节”“亚洲田径赛”等③。

（四）高效诚信的宣传策略

东盟国家的旅游宣传方式和宣传品种很多，常用的有广告、报刊、电影和录像等。泰国每年都邀请明星打造精品景点的宣传视频，如普吉岛、芭提雅、清迈等。好莱坞大片《古墓

---

① Nick Kontogeorgopoulos, Tourism in Thailand: Patterns, Trends, and Limitations, Pacific Tourism Review, Vol. 2, 1998, p. 228.

② Nick Kontogeorgopoulos, Tourism in Thailand: Patterns, Trends, and Limitations, Pacific Tourism Review, Vol. 2, 1998, p. 236.

③ 李晨阳：《东盟国家发展旅游业的策略》，载《东南亚》，1995 年第 1 期，第 15 页。

丽影》向世人展现了柬埔寨吴哥窟神秘的一面。

它们还注重从三个方面进行宣传促销。一是注意旅游宣传品的印刷。泰国每年用英语、泰文出版几十万册精美旅游手册，100 多万张贴画。新加坡政府每年印刷精美小册子放在公共场所供游客取用。二是向国外派遣访问团或在国外设立旅游办事机构，让官员以面对面的方式接待当地民众，召开记者招待会，定期举办联谊活动，增强公关能力，提高诚信度。新加坡政府每年都派成批的旅游促进团去国外宣传，和当地旅游部门联系，现场介绍和解答提问。1989 年，新加坡旅游促进局已在伦敦、巴黎、法兰克福、旧金山、东京等世界著名城市和主要旅游市场设立了办事处，开展宣传和调研①。截止 2007 年，在美国、东盟、欧洲、中国、北亚、澳洲、中东和非洲等 8 个地区和国家，新加坡旅游局开设了 22 个办事处。菲律宾旅游产品营销的重点已经从北美、欧洲转向东亚，2004 年在韩国和中国开办了旅游办事处。三是举办各种活动促销旅游产品。泰国政府在 1987 年旅游年中，特邀 22 个国家和地区的名流免费到泰国参观、考察，依靠这些人的文章、谈话等为泰国旅游做宣传。

讲究诚信，客源才能源源不断，凭借国民素质建立良好口碑来吸引游客是最佳营销方式。泰国是一个注重诚信的国家，非常抵触欺骗性的销售。泰国民众热情开朗，生性活泼，友善好客，彬彬有礼，在游客心目中树立了良好的形象，是驰名中外的“微笑的国土”，这是泰国最好的营销资本。

（五）旅游服务质量和人性化服务理念

为促进《东南亚旅游战略规划（2011—2015）》的顺利实

---

① 李晨阳：《东盟国家发展旅游业的策略》，载《东南亚》，1995 年第 1 期，第 17 页。

施，在东盟国家旅游组织之下根据三大战略目标设置了相应的任务组。由泰国牵头的东盟旅游标准任务组将重点制定六种关于旅游发展的标准，得到了东盟国家旅游组织的认可。这六种标准是：生态旅游、公共厕所、餐饮业服务、文化遗产、绿色旅店、民宿式旅馆。

东盟各国建立了从本科、大专、中专到旅游职中的配套旅游人才培养系统，还注意加强对旅游从业人员的文化补习和业务及职业道德培训，建立起一支具有较高素质的旅游业员工队伍。泰国在提升旅游企业和旅游从业人员素质方面有充足的经验。不但导游人员和宾馆服务人员能讲流利的英语，在各地旅游景点执勤的警员，一般也能讲英语。1996 年，泰国旅游当局将第一个年度泰国旅游大奖颁发给为自然和文化资源保护做出贡献的企业。1997 年，为配合国家旅游规划的实施，泰国政府成立生态旅游培训中心，旨在围绕环境保护为民众和旅游产业从业人员提供多方面培训。泰国长期坚持以国际标准为客人提供多层次、全方位的优质服务。1996 年，泰国发起了旨在提高 40 万旅游业人员服务态度的活动，大约 2 万名饭店职工每人都要进行一天的迎接客人训练。新加坡 1996 年开展为期一个月的“微笑活动”，要求旅游业从业人员微笑待客，充当旅游大使①。

新加坡旅游局危机管理能力突出。2003 年“非典”影响了新加坡旅游业的发展。旅游局为扭转不利局面，积极向游客和市民提供“非典”预防性信息，鼓励他们走出家门，摆脱对“非典”的恐惧感，恢复正常生活，显示新加坡并没有在突然性疾病面前束手无策。“凉爽新加坡”标语遍布大街小巷，向一些在预防“非典”方面措施得力的旅

① 胡平：《东盟国家旅游业迅速发展的原因》，载《亚太经济》，1997 年第 3 期，第 12 页。

游或相关企业颁发凉爽新加坡奖，这些措施最终帮助新加坡走出了联合国卫生组织“受非典影响国家名单”，帮助世人重拾对新加坡旅游的信心。

东盟各国致力于为游客打造全方位服务平台。具体措施有：（1）增设免税商店，方便饮食购物。在泰国，大街上各种餐馆鳞次栉比，有中餐、西餐、马来餐、印尼餐、越南餐和日本餐等，有的饭店实行24小时全天候服务，客人既可品尝到山珍海味，也可吃到自助餐、快餐和大排档。为满足和方便游客购物，泰国航空公司在曼谷机场、清迈机场和帕塔雅机场的乘客入口处增设免税商店。（2）放宽外汇管制，简化入境手续。印尼在1997年指定的入境口岸已经增加到21个，给予46个国家免签证入境待遇，使免签证的游客占印尼接待外国游客总数的90%以上[①]。（3）充分考虑游客需求，凸显人性化特色。泰国规定各旅游公司都必须成立保障游客利益基金。为使外国游客更好地欣赏印尼的皮影戏，印尼旅游部门在剧场配备了耳机和同声翻译。

（六）国民形象

暹罗古国泰国是一片古老而神秘的净土，是东南亚最具风情的国度。那里蓝天椰树，红砖碧瓦，金碧辉煌，人们虔诚地信奉佛教，处处可见身披黄色袈裟的僧侣、富丽堂皇的寺院，因此，泰国又有“黄袍佛国”的美名。佛教为泰国人塑造了道德标准，形成了崇尚忍让、安宁和爱好和平的精神风范。泰国被世人称为“微笑的国土”，泰国人无论男女说话都轻言细语，连走路也很轻柔。

---

① 胡平：《东盟国家旅游业迅速发展的原因》，载《亚太经济》，1997年第3期，第12页。

第二节　东盟经验对海南国际旅游岛的借鉴意义

海南旅游业发展是全体海南人民关心的大事件，学界对海南旅游业发展的潜力和面临的瓶颈进行了研究，这些研究对于明了海南旅游业发展现状，从而寻找今后发展的着力点有重要的意义。

一、从研究文献分析海南国际旅游岛软实力不足的表现

对东盟旅游的研究涉及发展理念如可持续发展，发展路径如人才培养和提升服务质量等多方面内容，这些都是“以人为本”价值观念在旅游产业的体现，属于软实力研究范畴。关于东盟旅游业软实力的研究呈现零星和碎片化的态势，系统全面考察东盟旅游业软实力的文章尚属空缺状态。而关于海南旅游业的研究文献也开始注重软实力因素，以提升对游客的吸引力，改变他们对海南“文化沙漠”的印象，提升海南岛民的整体素质，但如何深入挖掘海南的软实力资源，从何处下手提升软实力，学术界并没有进行系统研究，从而无力为这个问题提供学理性支撑。

第一类，旅游岛品牌没有确立。

《海南旅游形象推广中公共关系应用的调查》[①] 从海南旅游形象的知名度和美誉度、旅游形象定位、旅游形象推广公关活动开展等方面对公众进行问卷调查。结果显示：海南旅游形

① 陈小桃：《海南旅游形象推广中公共关系应用的调查》，载《海南大学学报（人文社会科学版）》，2010 年第 3 期，第 16—20 页。

象定位与公众的认知基本一致；海南旅游形象推广的程度与公关活动的规模大小有着密切联系；海南旅游形象公关推广活动尚未形成品牌效应；旅游形象推广宣传力度不够；组织者及岛民缺乏公关意识，等等。建议通过整合大型活动形式，打造特色推广活动品牌，构建海南旅游网站平台，开展全民公关教育，策划海南旅游形象主题宣传片，创新海南旅游形象推广模式等措施，提升海南在国际上的形象。

第二类，旅游岛建设进程缺乏对旅游资源的整合。

《海南旅游资源优势之我见》① 认为，旅游资源是指可供旅游开发的条件，而旅游资源优势则是指在各种旅游资源中处于有利地位的方面。海南旅游资源优势主要有以下几个方面：自然资源优势，分为热带海滨风光资源优势，热带森林资源优势，热带气候资源，热带农业经济作物资源优势，热带农业经济作物资源优势，温泉资源优势；自然环境优势；地理区位优势；民族风情优势，观赏黎、苗等少数民族风情是广大中外游客来海南旅游的一大目的；政策优势；海外华侨优势。

第三类，旅游岛竞争力提升和营销路径不全面。

《提升海南旅游目的地竞争力的途径》② 列出药方：发挥政府调控能力；加强海南旅游人才培养；加强海南旅游资源整合，突出旅游地差异化特色；通过市场创新，扩大海南旅游市场的开放性；注重开发海南的民俗文化，加大宣传，发挥品牌效应。

---

① 曹天禄：《海南旅游资源优势之我见》，载《新东方》，1996 年第 6 期，第 76—78 页。

② 方天海：《提升海南旅游目的地竞争力的途径》，载《经贸论坛》，第 79 页和第 81 页。

《突破“低端”重围——新时期海南旅游营销的战略推进》① 认为，海南旅游产品近10年来并没有太大变化，仍然集中于低端的观光旅游，旅游产业已经进入高速发展阶段，产业转型升级是大势所趋，必须建设旅游精品，全面塑造海南度假旅游新形象，吸引高端游客，实行重点突破。要勤走动，积极走出去参加海内外大型旅游促销活动；利用在主要客源地举行的国际旅游会议和大型会展活动，巧搭便车进行有效的宣传促销；通过大力开拓俄罗斯和欧美等度假市场来促进亚洲市场，以韩日专项市场和欧美度假市场推动港澳台地区观光市场的转型；努力开发国际度假市场和国内高端市场，形成海南旅游品牌优势；建立一支专业的营销队伍。

二、东盟经验对海南的借鉴意义

海南国际旅游岛建设进程应加强软实力建设，这一点已形成共识，但如何下手却是前方路漫漫，瞄准一个目标，找准一个方向，才能有针对性地立足于几个方面提升软实力。关于研究东盟旅游为何收获成功的文献颇丰，研究中国某地区和东盟加强旅游合作的文献也为数不少，也有研究海南国际旅游岛建设路径的文献，但从海南借鉴东盟经验以提升软实力角度研究旅游岛建设的仍是空白。

第一，向东盟学习是加强开放与改革的需要。我们处于一个变化的时代，这个时代的最大的不变是变化，提高学习能力，树立终身学习的理念，才能以稳定的心态应对不可预知的各种挑战。学习意识体现了进取心，尊重世界的多元性，反映了追求卓越的价值观念，本身就是软实力资源。城市国家新加

① 陈祎波：《突破“低端”重围——新时期海南旅游营销的战略推进》，载《今日海南》，2007年第12期，第32—33页。

坡，通过向强者学习，成为世界上最富裕的国家之一，属于新兴的发达国家，拥有英语、泰米尔语、马来西亚语、华语 4 种官方语言。善于学习，才能在激烈的市场竞争中笑到最后。海南省第六次党代会把开放改革作为实现绿色崛起的路径，只有通过学习提高和完善自身，才能站在一个更高的起点，更好地参与开放与改革，在国际舞台上以良好的姿态示人，用高素质展现精神风貌，并进而通过开放与改革发展自身。因此，向东盟学习，或向任何值得学习的国家学习，是海南加快开放与改革步伐的需要。

第二，向东盟学习是实现建设海南国际旅游岛既定战略的需要。建设国际旅游岛，硬件和软件建设齐头并进，物质文明和精神文明两手抓。海南在软件建设上和国际旅游岛目标尚有很大差距。不守交通规则的岛民和满街横飞的电动车让国外游客连连咋舌，甚至拿相机拍摄以留作纪念。三亚“宰客门”给海南整体形象抹黑，凸显了海南岛作为旅游目的地的疲软。向东盟学习提高软实力，提升海南岛民整体素质以显示文明程度，提高旅游及相关产业服务质量，才能如期实现建设海南国际旅游岛的国家战略。号称“微笑的国土”的泰国和“花园城市”的新加坡，在旅游服务质量和城市保洁与环境整治方面都是海南岛学习的对象。

本章采用的研究方法是：比较研究，分析海南和东盟在发展理念、形象包装、旅游服务质量、居民形象、旅游产品等方面存在的差距，吸取东盟先进经验，规避东盟旅游业发展过程中付出的代价，更好地引导海南旅游业的发展；例证法，对文中涉及的定义，用举例方法进行解释和说明；实地走访法，用亲眼所见、所听和所感从普通游客角度指出问题，提出建议。

第三节 海南提升国际旅游岛软实力的经验借鉴

迄今为止，处于共同体建设进程中的东盟已经出台统一旅游战略规划，海南尚没有推出全省旅游发展规划，缺乏对全省旅游业发展的具体部署。海南独特的地理位置孕育了其不同特色的海岛文化，但这种文化特质尚未得以提炼和概括。海南“旅游开放之岛，欢乐阳光之岛，休闲度假之岛，生态和谐之岛，服务文明之岛”形象定位不够简洁明快，相比东南亚的“感受热情”无法迅速给人留下印象。海南旅游资源比较分散，传统黎苗文化内涵没有被充分挖掘。省内市县主办的旅游项目，因规模较小影响力不够，被观众认知的程度较低。省内导游普通话水平欠佳，旅游服务质量整体上尚待提高，更谈不上普遍使用英语进行对外交流。岛民遵守规范意识差，岛主意识薄弱。需从以下几个方面入手，加大海南旅游业发展。

一、更新旅游发展理念

首先，应树立人才兴国理念。海南迎来了历史上的第二个发展机遇期，人才匮乏是制约其能否抓住发展机遇的瓶颈。旅游管理人才通过自己的专业学识规划旅游产业的整体发展，有助于使海南走出旅游资源重复建设的困境，肃清旅游行业不正之风，规范导游不端行为，营造让游客满意的旅游服务环境。大批量引进人才，为他们提供良好待遇，帮助他们实现社会价值，才能留得住人心，让他们有归属感，愿意将自己的聪明才智奉献给海南这片热土。

其次，树立可持续发展理念。在旅游资源开发和旅游产品建设中，遵循可持续发展理念。让当地居民直接参与旅游产业发展进程，让他们从旅游带动的经济发展中直接受益，并自觉把旅游作为促进当地经济社会又快又好发展的重要产业。绿色是海南最大的资本，体现了海南的资源优势，绿色崛起是海南省第六次党代会规定的今后五年海南的发展战略，促进以旅游产业为龙头的第三产业的发展是实现海南绿色崛起的路径。文昌八门湾绿道红树林景区，在注重生态环境保护的同时兼顾当地渔民的利益，让他们在景区内开办以农家乐为主题的饭店，游客尽享美食美景。

再次，树立合作理念。第一，旅游业部门内部的合作。各地旅游局及时加强沟通交流，取长补短，明白自身在旅游市场中所处的位置，有针对性地开发旅游资源，推出体现当地特色的旅游产品，凸显特色。旅游局和旅游行业协会保持合作，合力打造多管齐下、多渠道齐头并进的营销战略，开展丰富多样的文化项目。旅游局以招投标方式鼓励旨在促进旅游产业发展的课题研究工作，倾听专家意见，集结民间智慧，和专家形成良性互动和密切联系，让他们多提建议，提好建议，为旅游业健康运行提供智力支持。第二，异地合作。在发展红色旅游方面，多向湖南、江西等红色旅游大省学习。在打造滨海风情文化方面，多向青岛学习，将自然风光和人文环境结合起来，用高雅格调、有艺术气息的建筑和雕塑向沿海边散步的游客献礼。在举办民俗风情文化项目时，多向四川、云南等地学习，四川锦里荡漾着古色古香的气息，各种珍贵古玩、文房四宝、特色小吃、手工艺品琳琅满目，让游客流连忘返。第三，国际合作。效仿东盟经验，和东盟发展合作，编订泰语、越语版海南旅游手册，发放于东盟市场，增加对东盟潜在游客群体的感召力和亲切感。联合东盟打造海南—东盟大旅游圈，集合两地均属热带气候独特优势，开发独具风情的旅游产品，向国内外展开强大的营销攻势。

二、“和、乐”文化特色的品牌效应

海南是儒家文化和独特的热带岛屿文化的交汇地。美国著名学者亨廷顿曾把世界分为7个或8个文明圈，儒家文明圈是其中之一，可见儒家文明在世界范围内的影响力。儒家文明起源于物产富饶、沃野千里的黄河流域，自然带有安土重迁、重视和谐人际关系的特征。仁、义、礼、智、信是儒家文明倡导的价值观念，世界大同、天下为公是其不灭的信仰。海南是中国唯一的热带岛屿和海洋面积最大、陆地面积最小的省份。海洋性气候和丰富的自然资源滋润着这一方热土，海南人民具有开放热情的心态，怡然自得地享受自然的恩赐。海南具有优良的革命传统，红色娘子军的光荣事迹传遍全岛，红色文化熏陶下的海南人民对生活充满激情。海南是黎族聚居地，黎族人民的民俗风情、黎族语言和手工艺品黎锦是构成海南特色文化的重要元素。“和”及“乐”是海南文化的两大精神。前者象征人际关系的和谐，岛民心胸豁达、心境明朗，在椰风海韵中享受快意人生，也象征人与自然的和谐，岛民在蓝天碧海、白云沙滩构造的美景中和大自然保持最亲密的接触，欣赏俯拾即是的自然美景，感受最强烈的感官刺激。“乐”意味着恣意拥抱人生，不断挖掘人生乐趣的生活状态，心中的色彩因此而变得五彩斑斓，身处红尘俗世也能感觉新鲜不断。夜幕降临后，华灯初上，白天炎热褪去，在习习凉风中，岛民的快乐生活开启帷幕，特色小吃、街头摊贩，三三两两的人群相邀共叙畅谈，其乐融融的气氛四处弥漫。

三、海南国际旅游岛，体验浪漫

海南的形象包装可以是“海南国际旅游岛，体验浪漫（Hainan Tourism Island，Experience the Romance）”。浪漫是一种恋爱的状态，也是一种生活的状态。用柔情装扮恋爱的每一个环节是浪漫的，用细节点缀平凡无奇的生活也是浪漫的。浪漫是一种情怀，是经历生活磨砺之后依然保持对最初理想的执着与坚守，是游走于现实和理想的双重世界中的自在与从容，是安享红尘俗世柴米油盐酱醋茶的平凡生活在世间潇洒走一回。浪漫是一种节奏，只有放缓脚步，不时停下来听小桥流水，看街上行人，看树木生长，看白云在天上飘，看鱼儿在水里游，才能学会浪漫。浪漫是一种心境，不为虚名浮利所累，不为琐屑小事烦心，偷得浮生半日闲，纵情天地山水间。浪漫不等同于休闲，让休闲经过海水的冲刷、海风的吹拂、白云的亲吻、蓝天的凝眸、沙滩的拥抱后发酵，再加上对生活的热情，才能演绎成浪漫。

阳光明媚的海南，无处不浪漫。七夕节盛大开幕的七嬉温泉节，在牛郎织女鹊桥相会的那一天掀开神秘面纱，不胜娇羞地迎接八方来客；美丽三亚，又是浪漫天涯，无数新婚男女在海边和沙滩留下倩影双双，谱写伉俪情深佳话；在海南习俗中，槟榔是求婚之物，小伙子看中一位姑娘，要先向女方娘家送槟榔表明求婚之意，如果女方收下槟榔就表示定下婚约。

四、整合旅游资源，推出创新型旅游项目

（一）海南旅游资源丰富，但得不到有效整合

精品线路的缺乏使短期停留的游客不能充分享用旅游资

源。扭转这种局面，需要在旅游资源基础上开发旅游产品，比较各地旅游产品优势，并将这些旅游产品打包处理，发挥整体大于局部的功能。饮食文化方面，万宁、文昌、临高可走在前列；运动文化方面，海口因高尔夫球场，三亚因潜水，五指山因漂流而具有客观前景；生态文化当推崇琼中、三亚，前者被称为天然氧吧，经济虽不发达但生态环境却极为宜居，后者在生态环境保存良好的郊区大规模发展酒店产业，占尽天时地利；会展文化当属海口为翘楚，规划中的第二城市中心南渡江东西两侧将成为会展、康体中心；黎苗文化当属陵水、琼中等地拔得头筹，每年一度的“三月三”让海南岛随着黎苗人民共歌共舞，共享太平盛世歌舞升平之繁荣景象；民俗文化体现为海口婚俗和老爸茶文化、十二岁成人仪式，文昌、定安和屯昌的跳盘盅，临高人偶戏，儋州正月十六的调声和海南以冼夫人文化节为主导的军坡节等；温泉文化则以宝亭大放异彩，你可以携带妻儿老小，在云雾升腾、青烟萦绕的温泉池畔尽享天伦之乐；要想领略咖啡文化，就要去一下久负盛名的澄迈县城，去亲口品尝一下这里的咖啡和别处的咖啡有何不同之处。笔者旅游知识有限，地理知识欠缺，只能提供零散思路，不能设计精巧路线，但合理利用海南一地一特色、处处是景观的优势是设计旅游路线的指导思想。

综合考察海南各类文化资源，最有地方特色、文化魅力，最能吸引游客、最具开发条件的，非黎苗文化莫属。黎族是海南独有的少数民族，海南苗族也独具海南特色，黎苗文化堪称海南少数民族文化的代表，黎族、苗族的历史、舞蹈、音乐、习俗、建筑、衣饰、手工艺品等等，都是独一无二的，也是最有海南味的，对游客具有莫大吸引力，这是其一。黎苗文化历史悠久，传承有序，文物、遗迹众多，文化底蕴深厚，可以挖掘、开发利用的资源非常丰富，是一座文化的“富矿”，这是其二。黎苗文化初露真容，通过了市场的检验，为今后大规模开发打下了良好的基础，这是其三。黎苗文化融入海南旅游业，条件已经具备，基础也已经打好。应纵深挖掘黎苗文化内涵，服务于海南旅游业发展[①]。

上述文化资源涉及到了非物质文化遗产，应予以保护。

按照当今世界普遍认可的历史文化遗产研究思路，历史文化遗产通常被分成物质文化遗产和非物质文化遗产两种类型。物质文化遗产是具有历史、艺术和科学价值的文物，是看得见摸得着的遗产；非物质文化遗产是指各种以非物质形态存在的与群众生活密切相关、世代相承的传统文化表现形式，是无形的文化遗产。例如：海口市琼山区龙潭镇，秀英区石山镇三卿村，澄迈县金江镇大美村、美朗村，老城镇龙吉村、罗驿村，永发镇道吉村、儒音村，昌江黎族自治县王下乡洪水村，乐东黎族自治县佛罗镇老丹村，三亚市天涯区保平村等。这些传统村落是海南非遗的主要基地，具有重大的保护传承和开发利用价值。

传统村落的定义有一个发展过程。2012 年 4 月 16 日，中华人民共和国住房和城乡建设部、中华人民共和国文化部、国家文物局、中华人民共和国财政部四部门联合发布了《住房城乡建设部文化部国家文物局财政部关于开展传统村落调查的通知》[②]，该文件中明确指出："传统村落是指村落形成较早，拥有较丰富的传统资源，具有一定历史、文化、科学、艺术、社会、经济价值，应予以保护的村落。"这是我国官方第一次称谓"传统村落"，并对"传统村落"的含义进行界定。2012 年

① 《文化与旅游融合的"探路先锋"》，载《海南日报》，2012 年 8 月 25 日第 1 版。

② 《住房城乡建设部文化部国家文物局财政部关于开展传统村落调查的通知》，建村［2012］58 号，载 http://www.mohurd.gov.cn/zcfg/jsbwj_0/jsbwjczghyjs/201204/t20120423_209619.html，访问日期 2017 年 7 月 7 日。

9月，住房和城乡建设部、文化部、国家文物局、财政部四部委又联合在北京召开了“传统村落”保护和发展专家委员会第一次全体会议[①]，大会成立了传统村落保护和发展委员会，经传统村落保护和发展专家委员会第一次会议讨论研究，决定将中国社会习惯称谓的“古村落”改称为“传统村落”。

海南这些非遗的价值主要集中体现在历史文化价值、社会价值和经济价值三个方面。

1. 历史文化方面

海南汉族族群国家级、省级、市县级非物质文化遗产名录中的部分传统技艺、传统美术，像海口市琼山区龙潭镇陶冶烧造、雕镌塑作、木作编扎、剪纸绘画、织染等，从风格、材质等方面极具地方特色。

特别是海南少数民族文化，它是海南文化的重要组成部分，海南博物馆里的7项国家级、13项省级等少数民族非物质文化遗产名录，充分展示了海南少数民族民间文学、传统音乐、传统舞蹈、传统体育与游艺、传统技艺五大类。

还有五指山市杞方言黎族的婚俗，这种婚俗起源早，并在漫长的历史长河中形成一整套繁琐的礼仪和稳定的民俗事象，随着历史的更迭、生产的发展、生活的变迁、文化传统的传承与变革，它深深地融入到本民族的社会生活和文化传统中，携带着本民族的基因代代地传承延续着，以致至今仍能看到母系氏族社会的许多遗俗，只要对它变迁的历史轨迹和相关的文化现象进行深入的科学研究，就能对该族群的历史有深刻的了解，并能了解到该族群的思想、理念、审美情趣在内的独特的思想文化之内涵。五指山市杞方言黎族婚俗具有以下诸多特色：一是婚姻必须“讲求”；二是婚姻中女子处于平等的地位；

---

① 《传统村落保护和发展专家委员会第一次全体会议在北京召开》，载 http://www.lwcj.com/w/FocusReport111205202_1.html，访问日期2017年7月7日。

婚俗中渗透着本民族的宗教信仰；三是在操办婚事中妇女扮演重要的角色。五指山市杞方言黎族婚俗的显著的文化价值与社会功能，必须加以立法保护。同时，可以持续推进新《婚姻法》的宣传教育活动并剔除该族群传统婚俗中的“糟粕”，把五指山市杞方言黎族婚俗作为旅游文化资源加以开发利用。

2. 社会方面

比如，海南东部文昌、琼海、万宁和西部的儋州、东方平原地区通常在靠近河流、湖泊或者地下水源丰沛的地方形成村落；而中部的琼中、白沙、五指山、保亭山区丘陵地带则一般在背山面水的向阳坡面形成村落。村民的起居生活、生产劳作都依附于山水林木等这些自然资源。这里便体现了先民们所追求的“天人合一”的哲学思想，尊重自然，善待自然，同时又善于利用自然，使村落、耕地、生产生活与自然之山水有机融合，形成人与自然和谐共存的生态人文环境大格局。这是传统村落建筑规划空间格局的基础。

还有“传统村落”中的宗族谱系、家训族规、宗祠宗庙等。海南村落大都聚族而居，多以血缘关系为纽带，把众多家庭、家族、宗族连接为若干血缘族群，在基层社会形态，也就是传统村落中形成了一种无形的社会内在凝聚力和极为严明有效的等级秩序。

海南这些非遗的社会价值体现为对当代新型城镇化建设和基层社会治理具有启示作用和借鉴价值①。

（1）新型城镇化建设借鉴价值

耕地和水是农耕文明两大极其重要的生产生活资料，中国乡民大都依地临水而居并逐渐形成人口聚居的村落。此外，海南非遗在村落内部的建筑规划形态上，又体现出鲜明的地域乡

① 夏周青：《中国传统村落的价值及可持续发展探析》，载《福建省委党校学报》，2015年第10期，第64页。

土、民族文化特色，与当地的自然环境完美融合，呈现出丰富多样的类型。这种村落、耕地、生产生活、自然山水和中华民族“上善若水”价值观有机融合的生态人文环境大格局是传统村落建筑规划空间格局的基础。

（2）基层社会治理的启示作用

在封建社会所形成的宗法制度的深刻影响下，人们大都聚族而居，多以血缘关系为纽带，把众多家庭、家族、宗族连接为若干血缘族群，形成了一种社会内在凝聚力和严明有效的等级秩序。外在表现形式便是宗族谱系、家训族规、宗祠宗庙等。这种等级制度下所形成的诸如尊老爱幼、睦邻友好之类的优秀中华传统道德观念，以及由家训族规逐渐演变而成的符合社会主义制度的乡规民约，对基层的社会自治以及我们所要探索构建的基层社会治理体系有着极大的促进和启示作用。

3. 经济方面

比如，在海南一些村落中，村民传承了先祖世代相传的某些特殊技艺，这些技艺可以是织造、食品生产、建筑等等各个方面的。在封建社会，或由于封建礼教、或因交通闭塞等方面的原因这些技艺往往只在村子内部本族、本家人之间进行传承。因此，不乏好多技艺都因为这种单一、保守的传承方式已经湮没在历史的长河中。

海南村落和城镇佳肴街千百年传承下来海南粉、海南煎堆、糖条、文昌鸡等饮食制作工艺，可申请非遗，并借助这些非遗文化发展具有地方特色的生态旅游经济。归纳起来，海南传统村落非遗具有经济价值①，一方面可以对中国传统村落中的特色非遗文化进行可持续再开发，使其走出传统村落，参与市场经济，为传统村落乃至当地政府和国家的经济发展贡献力

① 夏周青：《中国传统村落的价值及可持续发展探析》，载《福建省委党校学报》，2015 年第 10 期，第 65 页。

量。在封建社会，由于封建礼教或交通闭塞等原因，一些风俗或技艺往往只在村子内部本族、本家人之间进行传承，外界无从知晓。在现代社会，完全可以对这些特殊技艺进行改良和推广，使之与工业化的生产相结合，生产出符合现代社会生产生活需求的商品。另一方面可借助海南传统村落的非遗文化发展中国特色的生态文化旅游经济。传统村落既非古建筑又非文物保护单位，它是不断繁衍发展的基层社会群体组织，是村民进行生产生活的农村社区，是活着的历史文化宝库。这一文化特性注定使传统村落的非遗文化保护不能一刀切采取封闭式保护。非遗文化的农耕文明烙印、不可再生属性、原创特色和人文内涵使其天然成为了传统村落所在地区潜在的特色旅游资源。可利用非遗文化，对海南传统村落的旅游资源进行科学规划和巧妙营销，使之成为具有当地特色的旅游景点，大力发展生态文化旅游经济，做大传统村落的品牌。这既给相对保守和落后的中国传统村落带来了新的生机，同时又给海南的原住民家庭收入提高乃至地方经济的发展开辟了新的道路。

（二）旅游产业应转型升级

海南旅游产品仍以观光旅游为主，游艇游、运动游、会展游方兴未艾，应以此为契机推动旅游产业转型升级。例如，海南现有温泉 30 多处，且流量大、水质好、水温适中、药用价值高。有关专家称，海南温泉资源在全国也属名列前茅。对于海南发展当今世界新兴的温泉医疗保健专项旅游提供无限前景。如果该专项旅游再加上我国传统的医疗保健方式，如针灸、气功、药浴、推拿等，海南温泉医疗保健专项旅游会大放异彩[①]。还可开展“普通话之旅”和“中国大学之旅”。针对

---

① 曹天禄：《海南旅游资源优势之我见》，载《新东方》，1996 年第 6 期，第 76 页。

东盟国家学习中文的热潮，凭借地理位置优势，利用假期邀请其中学生来海南进行以学习中文为主题的修学游，让他们在旅游的过程中增强对海南文化的理解。海南大学、海南师范大学等高校可以和东盟国家高校建立跨国合作培养人才制度，以交换留学生方式加强对合作国家文化的理解。

（三）旅游项目的设计应凸显海南文化特色

应巧妙烘托海南当地文化和大陆文化遥相呼应、共存共生的和谐景象。以澄迈咖啡风情小镇为例，笔者曾陪同瑞士来宾参观咖啡文化展厅，来宾对咖啡烘焙技术兴趣欠缺，提出了一个颇能让人受到启发的问题：中国有广为流行的茶文化，茶文化和咖啡文化如何互相匹配。这就启示旅游管理部门，旅游资源开发在强调特色、加强和国际接轨的同时，要注意和中国传统文化的合理衔接。

旅游项目在展示特定文化时应在内容上下功夫，去除形式上不必要的修饰性成分。再以咖啡风情小镇为例，展厅中对海南人民对咖啡情结、咖啡文化的缘起和发展现状缺乏细致分析和梳理，却突兀地运用大量篇幅介绍了当地咖啡创始人陈祖章的婚姻史，并着力渲染他有五位妻子的事实，意愿或许是博游客一笑，但却适得其反，让游客哭笑不得，背离了咖啡文化的主题而流于庸俗。

咖啡风情小镇的咖啡屋供游客在观赏完景区的主体部分后，亲口品尝久负盛名的福山咖啡。咖啡屋大多环境整洁，干净有余，气氛不足。西餐起源于西方，西餐厅是绅士淑女进行社交活动的场合，固定的就餐程序和讲究的用餐礼仪是西餐特色，而饮品诸如咖啡是西餐的组成部分。建议咖啡屋播放高雅音乐，设置露天咖啡座，安放一个摆放报纸杂志的书架，增加游客的选择空间，让他们端着一杯咖啡，凭栏远眺，沉浸在自己的世界中，或在书香中享受安静优雅的气氛。总之，旅游项目运转要有相应配套的环境。

五、精巧的营销战略

营销方面，要加强国际合作。海南可采取捆绑式营销。过去，马来西亚的旅游产品总是与新加坡、泰国捆绑在一起。把海南、云南、桂林三地捆绑起来进行营销。国务院在《关于旅游业发展的若干意见》中明确提出“把旅游业作为重要的产业来培育”。国家还先后批准海南、云南、桂林两省一市作为国家级试验区开展旅游综合改革试验，从而为打造“海南—桂林—云南”这一“中国旅游金三角”奠定了基础。跨国旅游花费多、耗时长、路途远，最大程度地了解异国文化是游客们的普遍心理。还可采用“搭便车”式营销战术，和东盟国家旅游公司签订营销代理协议，让它们在本国推广海南旅游产品，并积极组织游客到海南旅游。

营销中要善于对游客进行情感式而非理智教育式营销。旅游是文化和休闲之旅，借旅游来松弛疲惫的神经，获得美的享受，丰富精神世界，适度放缓脚步以排遣压力，是当代人在节假时期的首选。在对旅游产品进行营销时，要注重满足游客的审美需求，采取激发人情感的方式，广告多运用自然和谐、亲情氛围浓厚的图景。

对海南旅游目的地营销平台的选择，要多管齐下。首先，在策划设计海南旅游形象推广活动时，应特别强调对推广信息的传播策划，将传播方案作为推广活动的重中之重进行设计和策划，力求推广活动策划方案最终达到最佳传播效果。其次，注重对各种媒体的整合运用，将传统大众媒体与网络、手机短信等新媒体组合使用。网络传播是目前传播信息和交流文化最有效、最便捷的手段之一，网络能快速把丰富、翔实、图文声像并茂的海南旅游形象信息传播给公众，使其更快了解海南。建议海南省主管部门对原有的海南旅游官方网站进行更新改造，网站旅游主页实行中、英文网页，把海南特色融入其中，网页设计要以和谐流畅的界面、优美动人的图片、富有吸引力的文字和视频吸引公众关注，并且便于广大网民轻松链接。网站建成后能够成为信息传播便捷、内容丰富、互动性强、具权威性、真正能代表海南旅游形象的官方网站①。利用电影、电视等大众媒体，拍摄关于海南国际旅游岛的专题片或广告，邀请知名明星代言，或采取不拘一格的形式，扩大海南知名度。2012 年中央电视台元宵晚会，三亚舞蹈团的舞蹈《万泉河水》便是一个尝试。另外，利用平面媒体，比如报纸加强对海南文化资源的宣传，在社会上树立起海南红色旅游的正面形象。可策划出版关于国际旅游岛建设的著作，咨询成功出版商的意见，确定选题，或邀请知名作家前来体验海南文化的魅力并著书立说，请资深媒体人士作序，请评论家写书评，扩大这些著作的市场。再次，不遗余力扩大营销途径。每逢冬季，全国各地的“候鸟”老人便纷纷来海南过冬，这些老人一般都有较高的生活品味和审美情趣，喜欢参与文艺活动以达到强身健体的功效。让他们以口传方式树立海南旅游岛的良好口碑是最佳营销方式。

六、提升旅游服务质量

效仿东盟，针对饮食、公共卫生系统、旅馆等与游客自身利益密切相关的基础设施，制定可操作和量化的标准，加强审

① 陈小桃：《海南旅游形象推广中公共关系应用的调查》，载《海南大学学报（人文社会科学版）》，2010 年第 3 期，第 19 页。

查，为游客营造安全、平安的旅游环境，保证服务质量。应效仿新加坡增强危机处理能力，并效仿泰国建立保障游客基金。对新兴 SPA 产品的操作要符合规范程序，向 SPA 产品历史悠久的东盟国家学习，从空间布局、环境装饰到按摩手法、音乐播放都营造一种幽雅轻松的意境。

对旅游和相关产业人力资源按照岗位类别进行细分，每一类别对应不同的标准，有学历和经验等方面的不同要求，公开进行选拔考试，任人唯贤但不唯学历是尊，有破格录用应聘人员的情况应向上级主管部门备案以增加透明度。定期对旅游及相关产业从业人员进行培训，让他们及时了解市场动态，掌握游客消费需求变化，提高自身专业技能以跟上时代发展的潮流，增强职业使命感，提升职业道德以更好地参与海南国际旅游岛建设。各行业主管部门对这些人员业绩进行严格管理，力争实现零投诉记录，定期清除不合格、不胜任的员工，保证建设一支高效率、高水准的从业队伍。

导游是连接游客和旅游目的地的枢纽。目前，有三部法律对海南导游管理做出了规定，分别是《导游管理规定》《导游管理措施》和《海南省旅游规定》。由国务院颁布的《导游管理规定》规定了谁是导游、谁可以成为导游和如何成为导游，如何对导游进行测评，在从业时导游如何行为，及导游违反法规时将受到什么样的处罚。由国家旅游局颁发的《导游管理措施》对导游如何取得证书和执照做了补充解释，并对导游管理做了三种具体的规定，包括扣分制，每个导游有初试分数 10 分，如果他们违反了规定，将被扣除分数直到为零。同时，违规导游还将被处以现金或行政处罚。年度测评体系：每年，根据导游初始分数扣除情况、受罚记录、游客对导游服务质量进行的反馈对导游进行测评，通不过的导游将被解聘。等级检查体系：导游被分为初级、中级、高级和特级四个级别，初级和中级由市或省级旅游管理部门评定，高级或特级由国家级旅游管理部门评定，导游可通过考试申请晋级。2014 年 9 月，海南省第五届人大常委会第十次会议修订通过了《海南省旅游条例》[①]，从 2014 年 11 月 1 日正式施行。新《条例》主要从 7 个方面进行规范：一是禁止“零负团费”；二是禁止擅自改变旅游行程，禁止擅自拼团；三是加强导游管理，针对导游薪酬不落实的问题，落实导游薪酬和社会保险制度；四是加强景区管理，严格控制价格上涨；五是对旅游客运、购物、餐饮、住宿、娱乐等经营行为进行规范，要求符合法律、法规规定的要求，按照合同约定履行义务；六是对旅游价格行为进行规范，禁止虚高价格，禁止串通操纵旅游市场价格、哄抬价格；七是对旅游违法行为予以严惩。提高违法成本，特别是对旅行社、导游的违法行为予以重罚。

海南省旅游质量监督和检查中心，各市监督站和检查队，是特定的执法部门。它们通过两种方式进行监督：受理游客的投诉；到旅游景点或商业中心对导游是否存在违规行为进行现场调查，诸如旅游景点是否包括在预先设定的旅游路线之内，对旅游景点的讲解是否健康，是否存在欺骗顾客的行为。

加强对导游行为的监督，继续落实现有的投诉热线和实地走访制度，通过接听游客投诉电话和现场摸底掌握导游的规范行为并及时予以处理。另外，可开办游客信箱和游客信访办公室等新平台，对游客的批评声音迅速予以反馈，即时查明事情真相，博得游客赞誉。还可在社会各界评选监督员，通过他们所见、所听、所感、所想增加对细节问题的认识，把导游监管工作做精做细。

规范导游行为最根本的是治本，提高导游本身对职业的认

---

① 《海南省旅游条例颁布实施》，载 http：//news. hainan. net/hainan/yaowen/yaowenliebiao/2014/12/31/2195586. shtml，访问日期 2017 年 7 月 7 日。

同感。要打破社会各界对导游职业存在的偏见和误解，为其提高职业认同营造良好的社会环境。可借助海南开展文明大行动和治理慵懒散贪时机，开展导游界英模评选，并在全省举办英模巡回宣讲活动，通过媒体动员让群众广泛参与。还可举办导游风采之星大赛，展示当代导游的综合素质，或在海南电视台定期评选十佳旅行社，每月或每周更新一次排名并陈明“十佳”上榜理由。

提高导游对职业认同感，还要帮助其树立追求卓越的理念。全球化时代，国际交往的增多及通讯和交通工具的发展都使旅游成了大众性消费产品，外国游客到中国旅游碰到的最大障碍是语言。熟练使用英语是当今中国年轻人培养国际视野，增加对外交往能力的必备素质。遗憾的是，我国传统教育模式对英语听说能力的培养重视不够，导致学英语者多为“聋子英语”“哑巴英语”的尴尬局面。如果海南能嗅得先机，引领全国导游界英语培训先河，能有一批用英语进行流利表达的导游队伍将是海南旅游产业发展的最大软实力资源。英语会为海南的开放与改革打开一扇窗，其他语种的学习培训也应同步跟上。可选派年轻而高素质的导游队伍到海外进行培训，集中学习外国的语言和文化。

七、提升岛民“岛主”意识

提升岛民“岛主”意识，可从以下几方面入手。（1）让他们直接参与和旅游相关的产业发展进程。如开办农家乐饭店和民宿式旅馆。沿南渡江畔兴建的农家乐饭店已成为海口一景，疲惫了一天的上班族，常趁着夕阳的余辉驱车前往南渡江，点上一壶小酒配上几个小菜，在备餐期间欣赏落日美景，在江边品尝地道海南特色的美味佳肴。慕名而来的游客也能感染当地居民的闲情逸致。开办民宿式旅馆要符合相关营业标准，可效仿东盟经验，因后者已经圈定民宿式旅馆为标准化管理的重点对象。(2) 培养岛民说普通话的意识，加强普通话训练，将加强岛民与岛外游客的交流。(3) 加强规范化建设，鼓励岛民遵守交通规则、文明乘车等规范，保证公众场所秩序井然。(4) 让当地居民参与环境整治、导游行为监管等措施的执行，发挥民间力量，根据他们提供的情况展开实地调查并整改违规行为，在决策过程中反映他们的合理意见。(5) 坚决抑制房价，保护人民群众尤其是弱势群体的利益，合法和谐拆迁。

第三章

海南提升国际旅游岛软实力路径研究

2009年12月31日，国务院颁布的《关于推进海南国际旅游岛建设发展的若干意见》中明确指出，大力发展红色旅游和民族、民俗风情文化旅游，建设富有海南特色的旅游产品体系，打造精品旅游景区[①]。海南红色旅游软实力现状让人不满意，相对于江西、湖南等红色旅游大省缺乏先天优势，后天又显得疲软。海南红色旅游业软实力不足表现为知名度低，游客少，开发力度不够。把海南红色旅游业发展的内在潜力变为现实，需在调研中发现问题，并找出解决问题的症状，设计红色旅游开发方案和运作制度，调动资源，协调分工，并进而实现红色旅游软实力的可持续发展。海南有国家认定的革命遗址和丰富的旅游资源，还有优良的生态环境，但红色旅游一直走不出发展缓慢的困境。本章分析了海南红色旅游产品软实力不足的原因及表现，进而寻找对策。

本章选用调查问卷、实地考察、访谈、比较研究的方法。调查问卷在琼海红色娘子军纪念园和定安母瑞山革命根据地纪念园两大红色旅游景区内展开，旨在了解游客对红色景区的满意度、影响红色旅游发展的因素、红色旅游景区设施改进的着

① 陈纯英、李佳静：《打造红色旅游精品　为海南国际旅游岛建设提速》，载《旗帜飘扬——中共琼崖第一次代表大会人物研究论文选》，中共海口市委党史研究室，海口，2010年4月24日，第443页。

眼点等。实地考察指考察定安母瑞山革命根据地纪念馆，搜集第一手详细资料，笔者以游客身份亲身参与整个参观游览过程，和其他游客展开对等交流，看红色景区存在什么问题。访谈指采访公务员、事业单位工作人员、高校教师、企业工作人员等，了解他们对红色景区的印象及对海南红色旅游发展有何建议。比较研究指比较海南和江西、湖南等地在发展红色旅游方面存在的差距，后者在创新旅游项目等方面有哪些可供海南借鉴的举措，以分析海南能否把握历史机遇，引领第二代红色旅游新高潮。

第一节 海南红色旅游软实力研究文献

利用中国知网这一最先进的出版物平台，查到以红色旅游为题的论文、报告、评论、新闻等共5464篇，虽然中国知网未能完全展现当下红色旅游研究情况，因为它在反映实际研究状况方面存在时滞，但也不失为查阅资料和获取信息的有效途径。通过对这些文献进行梳理，可以明确研究提升海南红色旅游产品软实力的意义。

一、海南红色旅游软实力不足的文献研究

当前，关于体现海南红色旅游软实力不足的文献可分下列几类。

1. 红色旅游发展中存在的问题及解决对策的研究

宏观思考方面的有《深度挖掘红色内涵 加快发展红色旅游——四川民族地区红色旅游发展现状、存在的问题和对策思考》。文章认为结合四川民族地区旅游发展现状，发展红色旅

游要切实结合民族地区实际，应该把握好两个环节：一是充分挖掘红色文化内涵，这是主线；二是与民族地区独特的人文和生态文化紧密结合，这是关键①。

还有分析具体问题对红色旅游发展影响的文章，如《人力资本视域下红色旅游可持续发展探析——以遵义市红色旅游为例》，文章认为人力资本的开发对红色旅游的可持续发展具有重要意义。遵义市红色旅游人力资本开发存在严重不足，具体表现为从业人员开发不力、教育科研滞后、相关管理体制不完善等。遵义市应针对此现象进行改进，完善选人用人机制、调整薪酬体制，提高红色旅游教育科研水平，加强红色旅游景点所在地基层组织建设等②。

2. 对红色旅游发展情况及兴盛原因进行客观分析和描述的研究

如《红色旅游、红色体验走进2005，红色旅游“火”起来》。红色旅游兴起的原因：一是在于成功开发了革命老区所特有的人文历史资源，寄托了广大人民对历史事件和历史人物的敬仰和怀念之情；二是革命老区多位于尚不发达的山区，拥有良好的生态环境、淳朴的乡土风情，或鲜明的地域特色和民族风情，以及历史形成的较高知名度③。

3. 红色旅游市场营销方面

《中老年红色旅游的市场特征及其发展策略——基于对广西4大红色旅游景区的调查》从中老年红色旅游市场的基本人口特征、旅游动机、信息渠道、旅游方式、交通工具选择、关

① 唐文娟、马立发：《深度挖掘红色内涵　加快发展红色旅游——四川民族地区红色旅游发展现状、存在的问题和对策思考》，载《社科纵横》，2010年第1期，第84—85页。

② 宋小红、于炎：《人力资本视域下红色旅游可持续发展探析——以遵义市红色旅游为例》，载《河北青年干部管理学院学报》，2012年第1期，第71—73页。

③ 李力：《红色旅游、红色体验走进2005，红色旅游“火”起来》，载《当代广西》，2005年第10期，第9—11页。

注要素、对旅游景区的评价进行分析，探究其市场特征、老年人红色旅游市场开发战略[①]。

4. 探讨红色旅游和地区经济发展关系的文章

《红色旅游博览会与江西红色旅游发展》认为举办红色旅游博览会要和江西红色旅游有机结合，博览会要为促进红色旅游服务。为进一步提升红色旅游博览会举办的层次、水平和质量，需要采取创新举办形式、打造旅游精品、改善软硬条件、强化市场对接等更为积极有效的对策[②]。

5. 对红色旅游发展热潮下如何进一步对其加强引导的思考

《红色旅游能“红”多久——探寻中国红色旅游发展的原动力》一文认为红色旅游从2004年在全国形成发展热浪，整合和创新是实现红色旅游可持续发展的途径。红色旅游作为长期战略工程而非短期“运动”，应避免单纯追求经济效益的投机化、功利化和单纯的政治化、形式化倾向。红色旅游发展要创新机制、观念、举措、空间、形式[③]。

6. 描述红色旅游市场竞争态势的文章

如《红色旅游城市的市场竞争态分析——以6大红色旅游城市为例》在红色旅游发展使红色旅游城市之间竞争不断加剧的形势下，通过对全国六大热点红色旅游城市市场发展态势的分析，为红色旅游城市的旅游规划与决策提供依据[④]。

7. 红色旅游产品开发方面的研究

《红色旅游景区体验型开发研究——以陕西“延安保卫

---

① 吴晓山：《中老年红色旅游的市场特征及其发展策略——基于对广西4大红色旅游景区的调查》，载《开发研究》，2011年第5期，第62—65页。

② 黄三生、卢丽刚、刘慧：《红色旅游博览会与江西红色旅游发展》，载《华东交通大学学报》，2010年第1期，第95—100页。

③ 石培华：《红色旅游能“红”多久——探寻中国红色旅游发展的原动力》，载《人民论坛》，2006年第16期，第54—55页。

④ 张河清、陈宁英：《红色旅游城市的市场竞争态分析——以6大红色旅游城市为例》，载《旅游学刊》，2008年第11期，第26—29页。

战”旅游景区为例》分析了红色旅游景区体验型开发的必然性，并对陕西“延安保卫战”旅游景区体验型开发的成功案例进行了研究[①]。

研究如何将红色旅游和其他旅游产品进行融会整合的文章，如《红色旅游与体育旅游融合性开发的策略研究——以韶山为例》阐述了红色旅游与体育旅游的概念，对韶山红色旅游与体育旅游融合性开发的优势与机遇进行分析，并提出了红色旅游与体育旅游融合性开发的思路与对策[②]。

对红色旅游开发中的指导思想进行研究的文章，如《红色旅游资源开发中的红色文化传承》认为开发红色旅游资源，要发挥其传承红色文化的功能，使内容和形式统一，形成在开发红色旅游资源中传承红色文化，在传承红色文化中促进红色旅游资源的开发和保护的良好格局[③]。

8. 红色旅游品牌塑造

《红色品牌与湖北红色旅游的发展》的观点是，在国家大力推动红色旅游发展的政策背景下，传统的红色旅游景区能否抓住有利契机塑造出市场经济条件下真正面向大众旅游者的市场品牌，成为红色旅游开发中一个至关重要的问题。湖北红色旅游资源要形成一个大品牌，要加大对红色旅游的搜集、整合及提炼，要加大对湖北红色旅游资源的形象宣传[④]。

以海南红色旅游为题目的有4条记录，涉及到海南红色旅游的有31条记录。有描写红色旅游和海南国际旅游岛建设关

---

① 方世敏、陈攀：《红色旅游景区体验型开发研究——以陕西“延安保卫战”旅游景区为例》，载《求索》，2007年第10期，第23—25页。

② 骆慧菊、李艳翎：《红色旅游与体育旅游融合性开发的策略研究——以韶山为例》，载《湖北体育科技》，2008年第2期，第142—145页。

③ 黄光文、朱龙凤：《红色旅游资源开发中的红色文化传承》，载《求实》，2008年第6期，92—95页。

④ 柳林、陈怡君：《红色品牌与湖北红色旅游的发展》，载《湖北经济学院学报》，2008年第7期，第48—49页。

系的文章，如《打造红色旅游精品　为海南国际旅游岛建设提速》提供了琼崖红色旅游资源开发中的新思路：重视琼崖红色旅游资源的独特性，树立海南红色旅游开发建设的精品意识；统筹规划琼崖红色旅游资源开发，并纳入海南国际旅游岛建设大战略之下[①]。

沈青在《发掘红色旅游资源建设海南国际旅游岛》中针对红色旅游资源的开发价值、海南红色旅游资源的分布，提出开发海南红色旅游资源的对策建议：提高思想认识，挖掘遗址内涵、科学规划设计、高水平管理队伍、加大宣传力度等，同样没有涉及品牌、营销等重要问题，仅是对丰富的红色旅游资源的开发提出了初步建议[②]。

罗霞、陈欢欢在《探寻海南红色旅游之路》中观点鲜明：海南红色旅游欠账多。海南红色资源多，但很分散，利用状况不尽人意。旅游景点普遍存在配套设施不完善、规模小、展示手段单一等问题。有旅游企业将琼海的红色娘子军纪念园等硬软件条件稍好的爱国主义教育基地穿插进了普通团队的旅行线路中，使红色旅游资源与生态环境、文物古迹、风情民俗等其他旅游资源整合在一起。海南如能充分利用好“红”“绿”资源，走系统化市场运作开发的道路，红色旅游将会有更广阔前景[③]。

何雁在《海南红色旅游如何“红”起来》中呼应了上文，认为早几年海南省旅游总公司曾开通了寒暑假期间的红色旅游线路，包括红色娘子军纪念园和五指山革命根据地等景区。但

---

① 陈纯英、李佳静：《打造红色旅游精品　为海南国际旅游岛建设提速》，载《旗帜飘扬——中共琼崖第一次代表大会人物研究论文选》，中共海口市委党史研究室，海口，2010年4月24日，第443—451页。

② 沈青：《发掘红色旅游资源建设海南国际旅游岛》，载《旗帜飘扬——中共琼崖第一次代表大会人物研究论文选》，中共海口市委党史研究室，海口，2010年4月，第435—442页。

③ 罗霞、陈欢欢：《探寻海南红色旅游之路》，载《海南日报》，2005年4月6日。

这条线路近年来基本处于无人问津的状态。而多数旅行社行程中的常见景点“瞻仰红色娘子军塑像”，也只是琼海市街心公园的一个雕塑。红色旅游火不起来的原因是：光有红色历史，缺乏相应的旅游产业链的支持，是海南诸多红色景点的共同掣肘；红色旅游景点虽有较高的史料价值，但缺乏旅游中“可玩”“可视”“可参与”的要素，且史料提炼不系统，展现形式单一；红色景点配套设施不完善，规模小。发展红色旅游，要平衡社会效益和产业化，在政府扶持下，实行企业化运作，以红色旅游资源为载体，形成吃、住、行、游、购、娱一条龙产业链。红色旅游要找到与其他旅游形式，如观光旅游、生态旅游、民俗旅游、乡村旅游、休闲度假旅游等的结合点①。

以上这些文章，对海南红色旅游发展不如意的原因进行了分析，初步进行了探索，但没有系统地从品牌、产品包装、市场营销、人力资源等角度对红色旅游产品进行研究。其他诸如研究红色娘子军传奇和昔日“娘子军”现代生活的文章，如《娘子军：琼崖英雄花》② 和《老娘子军成了新“经济女性”》③ 等文章，为深化红色旅游主题、丰富历史资料宝库等提供了有益的帮助。

二、提升海南红色旅游软实力相关研究的意义

研究海南红色旅游软实力，有利于推进老一辈革命家和“候鸟”老人参与海南国际旅游岛建设的热情，有利于提升海

---

① 何雁：《海南红色旅游如何“火”起来》，载《今日海南》，2011 年第 6 期，第 28—29 页。

② 王秋虹：《娘子军：琼崖英雄花》，载《今日海南》，2011 年第 7 期，第 14—15 页。

③ 谢飞君：《老娘子军成了新“经济女性”》，载《中国妇女报》，2005 年 4 月 29 日。

南国际旅游岛建设进程中的软实力。除了现实意义之外，它的学理意义也是不言而喻的。具体分析如下。

（一）填补研究空白

目前关于海南红色旅游的文章，雷同之处较多，主要分析海南红色旅游存在的不足：资源多而分散，整合力度不够；景区规模偏小，基础设施不健全；红色主题缺乏深刻内涵等等，提出的诊断方是统筹规划，整合资源，建立产品集，打造产业链，把多种旅游形式融合在一起等。海南省红色旅游的开发是系统化整体性工程，需要全岛一盘棋，各地发挥自己的优势，协同作战，共同把红色旅游产品做大做强，其背后需要有强大的推手，负责红色旅游的整体规划和相关政策制定，政府在此方面责无旁贷。在商品经济时代，一个产品从弱到强需要经历在市场上成长的过程，从品牌设计、包装、营销等，都需要进行有针对性的设计和运作。红色旅游作为特殊的产品，是精神文明和物质文明的结合体，美化红色景区，突出艺术基调，凸显红色主题，需要旅游开发商独具匠心。旅行社负责培训导游，后者作为展现红色内涵的解说者，需具备较高的素质。可见，打造一个红色旅游产品的每一个环节都充满了学问。本章旨在串联红色旅游产品孕育和成长过程中的每一个环节，并进行深入分析，以期为海南红色旅游焕发活力做出贡献。

（二）增强大陆对海南岛的认同感

很多大陆游客对海南缺乏了解，认为它是神秘的。海南空气和自然环境虽然让人向往，但是它经济社会发展落后。历史上，海南由于位置偏远，荒凉落后，在官场上是不吉利的地方，一般都是仕途不得意者的落脚之地，一代文豪苏东坡曾被贬谪到该地。海南建省初期，震惊全国的汽车走私丑闻，给这个本该创造经济发展奇迹的地方拖了后腿。所以，一提起海南，全国人民对它的印象是陌生甚至是负面的。

伴随着中国改革开放事业的不断拓展，中国人观念逐步得到了更新，接受了很多新事物，在这种大背景下，海南岛的形象也在不断提升。三亚是闻名于世的旅游城市，热带风情吸引着海内外游客的视线，全国各地的“候鸟”老人每逢冬天就赶来海南，他们尤其偏爱三亚；博鳌亚洲论坛是中国提升在国际社会话语权的成功尝试，博鳌这个昔日平凡普通的琼海小镇也一跃成为旅游胜地，受关注程度逐渐提高；2010 年，海南国际旅游岛成为国家战略，海南首先是中国的，才是世界的，建设国际旅游岛不是海南人民自己的事情，这项宏伟大业必须得到全国人民的支持才能完成。

大陆对海南的认同感不断提升。海南岛从来没有游离于祖国怀抱之外，它虽然地理位置特殊，但其历史和文化与大陆融为一体。革命时代，海南的红色娘子军传奇是革命史上绚烂夺目的一笔，是整个中国革命事业不可分割的组成部分。通过红色旅游产品宣扬红色娘子军的精神，是增强海南岛与大陆共同情感的纽带，是增强大陆对海南岛认同感的有效途径。

（三）促进海南经济社会又快又好地发展

海南省第六次党代会报告指出，海南实现绿色崛起。绿色是海南最大的资本和优势，红色旅游要走红色搭台、绿色唱戏的道路。海南空气清新，阳光明媚，海水湛蓝，绿草如茵，大自然的美好画卷是海南人弥足珍贵的财富，红色旅游产品和其他旅游产品如观光游、休闲游、海上娱乐游、户外运动游融合在一起，打破第一代红色旅游着眼于参观红色景区的单调与沉闷，引领第二代红色旅游的发展。几种旅游产品的融合不是海南首创，但海南拥有无可比拟的先天优势和后天条件，在第二代红色旅游发展中有所作为。先天优势取决于自然环境、地理位置，后天条件在于党中央的重视，集中表现为海南国际旅游岛战略的出台，和省委、省政府抓住海南腾飞的第二次历史机遇，推动海南经济又快又好发展的决心。

海南是经济特区，发挥敢闯敢干、先行先试的精神，拿出特区人民的精气神，向全国人民展现海南新精神风貌，增强海南软实力，吸引国内外人才来海南择业和定居，吸引海内外游客来海南观光和旅游，真正把海南打造成中外游客的度假天堂和海南人民的幸福家园。红色旅游为海南发展创造经济效益，实现社会效益，海南发展为红色旅游进一步发展开拓空间，二者是相互促进的关系。

第二节　海南红色旅游软实力不足的现实考察

发展红色旅游产品和提升其软实力，应明确红色旅游的资源分布以及红色旅游的特点，从而对症下药。第一节分析了研究文献如何看待海南红色旅游软实力不足的问题，本节将从研究相关定义入手，分析海南红色旅游软实力不足的现实体现。

一、红色旅游定义

本书采用红色旅游的官方定义，在 2004 年 12 月颁布的《2004—2010 年全国红色旅游发展规划纲要》中有明确界定，“红色旅游”主要是指以中国共产党领导人民在革命战争年代及社会主义革命和建设时期建树丰功伟绩所形成的重要革命纪念地、纪念物及其所承载的革命精神为吸引物，组织接待旅游者进行参观游览，实现学习革命历史知识、接受革命传统教育和振奋精神、放松身心、增加阅历的旅游活动[①]。

该纲要继续指出，红色旅游资源指的是中国共产党成立以后、新中国成立以前，包括红军长征时期、抗日战争时期、解放战争时期等重要的革命纪念地、纪念物及其所承载的精神；从地域范围上主要是指革命老区和红军长征线，但以长征沿线为重点，这就形成了井冈山、瑞金、韶山、遵义、延安、西柏坡一条“红色”主线[②]。

上面定义是一个文本，大家可以有不同的理解。笔者不揣冒昧，红色旅游资源和红色旅游的定义有出入，红色旅游资源也应包括社会主义革命和建设时期的纪念地和纪念物及其映射的革命精神等。另外，革命是延续的过程，抗日战争和解放战争体现的都是爱国、爱人民、民族团结、民族复兴的意志和情怀，这和历史上反抗民族压迫，抵抗外侮，致力于民族自强、自立和历史进步的精神是一脉相承的。纲要中用的“主要”一词的言外深意正体现在这里。

纪念地包括革命活动遗址，如会议会址、烈士就义地、伟人故居、革命活动发生地、烈士陵园、纪念碑、纪念塔、纪念园等，纪念物指中国革命、社会主义革命和建设历程中有纪念意义的物品，如会议纪律、影像资料、重要文献，乃至印章、领导做出重要批示时用的钢笔等。广义上讲，中国革命以前与推动历史进步事迹有关的纪念物和纪念地，如海瑞墓、岳飞墓，和社会主义建设新时期与致力于社会主义事业光辉事迹有关的纪念物和纪念地，如任长霞纪念馆和孔繁森纪念馆等，都可以包含在红色旅游资源范围内。需特别说明的是，以红色为

---

① 闫广华：《红色旅游资源开发研究——以辽宁省为例》，东北师范大学硕士学位论文，2006年，第3页。

② 曹丽娟：《河南省红色旅游资源开发现状与对策研究》，山东大学硕士学位论文，2007年，第11页。

主题，围绕红色事迹、烘托红色精神的人造景观，如雕塑、石刻和主题公园等也属于红色旅游资源。

二、红色旅游特点

（一）休闲性和教育性的统一

旅游是将身心从繁忙的工作和学习之中解脱出来，让身心舒缓，得到充足休息，从而为下一阶段的工作和学习任务养精蓄锐的方式。所以，旅游必须具备休闲的功能。如果红色旅游景区恰好位于山清水秀、风景如画的地方，如江西的井冈山、海南琼海等地，红色旅游和绿色旅游将达到完美的结合，给游客带来强烈的视觉冲击，让他们心旷神怡地徜徉在大自然的怀抱中，尽情感受天地和谐之美和天人合一的至高境界，这符合中国人崇尚山水的审美情趣。

红色旅游通过对革命活动遗址、遗物和纪念物的参观，达到更好地让游客理解革命精神，发扬革命遗志，传承革命事业的目的。社会各行各界的工作者，都是通过自己实实在在的工作为中国特色社会主义事业做出贡献的人，每个人的专业、实践能力、实际经验和人生感悟都有所差别，从这个角度上讲，任何人都是不可替代的，都不可妄自菲薄。不积跬步，无以至千里，社会主义大厦是无数平凡劳动者用勤劳双手搭建起来的。对红色旅游景点的参观，可以唤起普通人内心深处埋藏的英雄意识和奉献精神，让他们参悟伟大出自平凡的道理，因为为新中国建功立业的革命烈士大多是无名英雄。由此，红色旅游达到了净化心灵、洗礼灵魂、提升觉悟的目的，将教育性和休闲性有机结合起来。

贪腐现象仍很突出，制约了执政党能力的建设。中国共产党开创的中国特色社会主义事业，没有现成的经验可以借鉴，也没有固定的模式可以遵循，必须在实践中走出一条符合中国国情的独特道路。要肩负起时代赋予的历史使命，带领13亿人民的8千万党员是一个大的群体，必须风清气正，时刻保持先进性，增强自身凝聚力。红色旅游景区的游客有一部分来自党员领导干部，参观展览馆，观看教育片，瞻仰烈士遗物为他们提供了保持先进性和纯洁性及接受革命教育洗礼的机会。

（二）物质文明和精神文明的结合

物质文明是基础。基础设施建设是物质文明的体现，满足游客基本的生理需求，如衣、食、住、行。对于现代社会中的游客，生理需求已经提升到另外一个层次，如通讯、娱乐等。

人是有情感需求的高级动物，有更高层面的精神需求。凡尘俗世、生活琐事占据了现代人生活的空间，他们疲于奔命于职场，为安身立命在名利场中几经沉浮。现实的残酷磨去了很多人的棱角，曾经的理想似乎渐行渐远，年少的梦想仿佛越来越遥不可及，社会变成了一个大工厂，人类和机器一样，代表着庞大流水线上的一个位置和一个符号。在物质文明发展的同时加强精神文明建设，两手都要抓，两手都要硬，现实的世界才不至于变成文化的沙漠，人类社会才能绽开绚烂的精神文明繁花朵朵。以红色旅游为载体，加强精神文明建设，用红色文化充盈现代人干涸的心灵，使他们重新迸发对理想的渴望和对生命的热情。

文化是共同观念。共同观念蕴含着超越红尘俗世的精神气质，揭示着拥有共同地域、共同语言、共同血缘的人们分享的共同价值观。家国观念是儒家文明精髓所在，家国同构，有国才有家，家庭是社会的缩影和单元，社会是家庭的放大和有机结合。国家是国际社会主要行为体，把无数个家庭维系在一起，为他们搭建起一个大的家园，拥有同一个国家的人民把彼此看作同胞，他们有共同的家园要呵护，而破坏这个大家园的势力则被视为异己。从中国共产党成立到中华人民共和国的诞生，一部抗战史就是捍卫家园的历史，矗立在红色旅游景区内，历史沧桑感扑面而来，无数个曾经模糊但现在重新清晰的脸庞萦绕四周，时空的错位复活了那些已经逝去的生命。身临其境的参观，让游客能聆听历史的呼唤，这是红色旅游的精神魅力。

精神文明还意味着创新。旅游并不是从一开始就有的，在人类解决了温饱问题之后，开始着眼于更高层面的精神需求。他们有更多地了解外部世界、接触外部文化、打破地域限制的需求，旅游应运而生，这也是鼓励消费，以内需拉动国民经济发展的要求。红色旅游是旅游产业的一个创新，把弘扬革命精神和发展旅游产业结合起来。

（三）开发和保护的有机结合

社会发展很快，斗转星移，沧海桑田，中国革命构成的无数片段已被淹没于历史长河，这是人类历史不容忘却的记忆和不能丢舍的宝贵财富。还历史以真相，让历史现身说法，保证人类社会的延续性，是红色旅游自身的功能和使命。在开发红色旅游时，本着尊重历史的原则，找到历史人物原型，搜集整理历史文献和视听资料，挖掘历史文物，尊重人证物证，才能还原一段真实的历史，才能取信于游客。开发是求真务实科学精神的体现。

革命事迹是在特定历史阶段中必然和偶然有机结合的产物，不可复制，无法重来，作为展现革命精神，让世人重温革命事迹的红色资源是不可再生的。在开发过程中，要科学谋划，把红色资源当作历史文物来对待，树立保护意识。

三、中国红色旅游发展状况

国内红色旅游从建国后到改革开放前，一直以无偿政治接待为主，改革开放号角吹响后，红色旅游产品进入市场运行轨道，和其他旅游产品共同展开市场竞争。20 世纪 80 年代末到 90 年代初，随着党和国家领导人到革命老区参观指导工作，红色旅游进入快速发展时期。90 年代后期，在纪念建国 50 周年、建党 80 周年、党的十六大召开等一系列重大活动开展的大背景下，红色旅游发展更加迅猛。发展红色旅游，是以帮助老区人民改善生活、脱贫致富，实现经济效益为出发点的。2003 年 4 月初，中共中央政治局委员、中宣部部长刘云山在江西视察时指出："要大力发展红色旅游，将红色旅游资源优势转变为经济优势，把红色旅游打造成有震撼力的旅游产品。"①

2004 年 1 月，由江西发起，北京、上海、福建、河北、广东、陕西七省在郑州召开的全国旅游工作会议上，共同签订《七省市发展红色旅游郑州宣言》，会上表达了联合做大做强红色旅游产品的决心，红色旅游热浪以势不可挡之势席卷全国。2004 年 2 月，中共中央政治局常委李长春同志做出了"要积极发展红色旅游"的重要指示。为贯彻落实中央领导的指示精神，中宣部、中央文献研究室、国务院发展研究中心、国家发改委、国家旅游局等国家部委组成调研组，于 2004 年 3 月和 5 月先后两次到江西、湖南等地调研红色旅游发展情况，制定红色旅游发展规划。2004 年 5 月 21 日，《人民日报》理论头条发表《打造红色旅游品牌，推动红色旅游大潮》的文章，指出："红色旅游是红色和绿色的结合，红色之旅是我国锦绣山河的大展示……红色旅游资源是一笔不可再生的宝贵财富……

① 曹丽娟：《河南省红色旅游资源开发现状与对策研究》，山东大学硕士学位论文，2007 年，第 7 页。

红色旅游产品之所以唱响市场，首先是因为它具有厚重的历史内涵和人文价值。”“红色旅游，既是观念创新，也是产业创新。红色旅游的发展，将为社会主义市场经济条件下实现社会效益同经济效益的有机结合，将精神财富转化为社会财富，最终造福于社会、造福于人民，探索一条良性循环之路。[①]”

2004年8月12日，《人民日报》宣布我国将正式启动“红色旅游”工程，明确提出要在全国范围内重点建设以十大“红色旅游基地”、20个“红色旅游名城”、100个“红色旅游经典景区”为主体的“红色旅游”骨干体系，初定2005年为“红色旅游发展年”。2004年9月，由15省2市旅游局共同参与的“红色旅游”研讨会在江西召开。2004年10月，开始了“新世纪、新长征、新旅游——2004中国红色之旅万里行”。2004年11月，李长春同志在河北省考察工作时，对发展红色旅游的深远意义做了概括：发展红色旅游，是巩固党的执政地位的政治工程，是贯彻落实党的十六届四中全会精神，提高建设社会主义先进文化能力的重要举措，是贯彻和落实以人为本、全面协调可持续发展的科学发展观的具体体现，也是新形势下宣传思想政治教育创新的好形式，是利党利国利民的实事好事[②]。

四、海南红色旅游发展现状

（一）海南红色资源介绍

海南红色旅游资源丰富[③]，不一而足，为创新旅游项目奠

① 任长琴：《辽宁红色旅游开发的构想》，载《理论界》，2005年第4期，第59页。

② 曹丽娟：《河南省红色旅游资源开发现状与对策研究》，山东大学硕士学位论文，2007年，第9页。

③ 《海南红色旅游资源丰富　那么多景点你不想去看看吗?》，载http://hi.people.com.cn/n/2015/1001/c373360—26610275.html，访问日期2017年7月7日。

定了良好的基础，为发展旅游岛品牌和推进旅游岛建设打下了根基。

1. 中共琼崖“一大”旧址

其位于海口解放西路竹林街131号院，坐北向南，是典型的海南民居结构，几十年前栽种的盆架树如今已亭亭如盖。1926年，中共琼崖第一次代表大会在这里召开，并成立了中共琼崖地委，开始领导琼崖革命。

2. 硕勋亭

纪念来琼参加革命的李硕勋烈士，有他的生平介绍和多位名家缅怀烈士的题词。

3. 海口人民公园革命烈士纪念碑

位于海口人民公园正门入口处，碑总高14.5米，占地面积500平方米，是省级重点文件保护单位、市爱国主义教育基地和青少年革命传统教育基地。是海口市人民政府为纪念“长期坚持琼岛革命斗争和英勇渡海作战而牺牲”的烈士建立的，1954年4月奠基，1956年落成。碑正面镌刻有“革命烈士永垂不朽”8个大字，大字下面基座镶嵌着一块刻有朱德总司令亲笔题词的铜板。

4. 五公祠

为纪念唐、宋两代5位名臣李德裕、李纲、赵鼎、胡铨、李光而建，这里有苏东坡纪念馆和漂泉、海南第一楼等胜景，是青少年爱国主义教育基地。

5. 冯白驹将军故居

海南省海口市长泰村村庄四周林木苍翠，从平坦的大道进入村庄，在盘根错节浓荫如盖的老榕树旁，便是被周恩来总理誉为“琼崖人民的一面旗帜”的冯白驹将军的故居。

6. 海瑞墓

国家级重点文物保护单位，海口市爱国主义教育基地。海瑞墓园始建于明万历十七年（1589 年），是皇帝派许子伟专程到海南监督修建的。坐落在海南省海口市西郊滨涯村的海瑞墓，为一长方形陵园。四周为石砌围墙，园内草木四季常青，环境整洁、宁静、肃穆。

7. 五指山革命根据地纪念园

它是全国 30 条红色旅游经典线路之一。是海南第一个以革命传统教育基地为主题，集观光、度假、黎苗族风情文化、休闲为一体的旅游圣地。五指山常年气温为 24 摄氏度左右，丰富的热带植物，地形变化多样，原始森林使五指山降雨丰富，四季湿度宜人，被誉为“翡翠山城”。

该景点由海南五指山革命根据地景点开发有限公司兴建，占地面积 400 亩，总投入 1.58 亿完成全部景点工程，主要以坚持海南革命斗争 23 年红旗不倒并解放海南的琼崖纵队司令部旧址为中心。

8. 琼崖红军云龙改编旧址

琼崖红军云龙改编旧址于 1989 年 12 月建成。1937 年 7 月 7 日卢沟桥事变后，中共琼崖特委为贯彻党中央关于建立抗日民族统一战线的方针政策。向国民党当局提出了“停止内战，团结抗日”的主张，表示愿意在团结抗日的前提下改编琼崖工农红军，并于 1938 年 10 月 22 日达成协议。正当广州沦陷、日军逼近海南岛的危急时刻，中共琼崖特委于 11 月及时调整编制，按一个大队建制组建部队，以 200 多名红军为主体，以各县委掌握的 300 多名民众武装为补充，做好改编的准备工作，并决定以党组织坚强、群众基础较好、有利于战时转入农村开展游击战争的琼山市云龙镇为改编地点和部队驻地。同年 12 月 5 日，改编仪式在云龙镇六月婆庙隆重举行，部队番号定为广东民众抗日自卫团第十四区独立队，队长冯白驹，标志琼崖人民抗日队伍的诞生和海南抗日统一战线的形成。

9. 母瑞山革命根据地纪念园

其为海南省青少年革命历史教育基地，于 1996 年 8 月 1 日建成。母瑞山是琼崖纵队的根据地。

1928 年 3 月国民党蔡廷锴率军抵琼，大肆围剿苏区，琼崖军民奋起反抗，因敌强我弱，反围剿受挫。年底琼崖苏维埃政府主席王文明率部转移到母瑞山，开辟革命根据地，第一次保存了革命火种。

1932 年 7 月国民党警卫旅旅长陈汉光率部队对琼崖苏区大围剿。琼崖军民英勇抵抗，因敌我力量悬殊，反围剿失败。冯白驹带领党政军 100 多人在母瑞山恶劣的环境下，与敌周旋，最后仅剩下 25 名英雄。他们胸怀崇高的革命理想，过着野人般的生活，坚持 8 个多月艰苦卓绝的斗争后，于 1933 年 4 月突围回到琼山县革命老区，革命火种再次得到保存。

纪念园中央竖立着母瑞山革命根据地创建人——王文明主席、冯白驹将军两尊 3.5 米高的铜像。铜像后面陈列馆里有海南在新民主主义时期 4 个阶段的革命斗争史料及文物，内容十分丰富，展示了琼崖特委、琼崖苏维埃政府和红军独立师三大机关领导海南人民长期进行革命斗争的光辉历程。

10. 红色娘子军纪念园

其位于琼海市白石岭风景区公路入口处，为纪念中国工农红军琼崖第二独立师女子军特务连光辉业绩而建。在这里，人们可以重温 70 多年前，琼岛一群农村妇女为民族解放和妇女解放而斗争的可歌可泣的英勇故事。

11. 六连岭革命烈士陵园

六连岭革命根据地是党领导人民群众在海南坚持对敌斗争时间最长、规模最大的根据地之一，被誉为“海南的井冈山”。1957 年 2 月 20 日，党和国家领导人董必武、朱德等同志来海南视察工作时，曾在六连岭下缅怀了先烈们的光辉业绩，并分别赋诗抒怀。为了纪念海南省在抗日战争、解放战争中牺牲的革命烈士，党和政府于1961年在六连岭南麓修建六连岭革命烈士陵园。

（二）海南红色旅游发展状况

到2005年，海南省共有110个爱国主义教育基地，其中国家级9个，省级27个，其余为市县级。9个国家级爱国主义教育基地分别为中共琼崖一大旧址、海瑞墓、李硕勋烈士纪念亭、云龙改编旧址、宋氏祖居、定安母瑞山革命老区、万宁六连岭、琼海红色娘子军纪念园和儋州东坡书院[①]。

2007年2月22日，国家发改委、中宣部、国家旅游局召开全国发展红色旅游工作会议。海南省共有4个革命遗址被列入《全国百个红色旅游景点景区名录》，“海口—文昌—琼海—五指山线”被列入全国“30条红色旅游精品线”[②]。

2011年4月6日，为了纪念建党90周年、红色娘子军成立80周年，琼海市旅游委举办“建党90周年万泉河峡谷红色拓展之旅”。万泉河峡谷360°景区、海南百运旅行社精心设计了“纪念建党90周年　万泉河峡谷红色拓展之旅”创新产品线路。结合海南红色第一镇——阳江镇的红色旅游资源和万泉河峡谷360°景区的探险、漂流、拓展训练等时尚户外运动项目，组成一个完整的红色旅游产品和线路，将红色教育与拓展训练完美结合，弥补了海南红色旅游缺乏固定线路的缺陷。

2011年，在中国共产党成立90周年纪念重要时间节点前夕，《今日海南》记者何雁采访了解到，海南多家旅行社均没有专门的红色旅游线路，没有办法为极少数对红色旅游感兴趣的顾客组团，在这些旅行社三天两晚的常规旅游线路安排中，

---

① 罗霞、陈欢欢：《探寻海南红色旅游之路》，载《海南日报》，2005年4月6日。

② 罗霞、陈欢欢：《探寻海南红色旅游之路》，载《海南日报》，2005年4月6日。

除红色娘子军纪念园外，其他红色景区都没有被列入其中①。

（三）海南红色旅游软实力不足的现实表现

笔者广泛调研和论证，本着尊重事实的原则，初步挖掘了海南红色旅游软实力不足的具体体现。

1. 问卷调查的方式

研究问题，应该用事实说话。笔者于2012年6月25日在红色娘子军纪念园和母瑞山革命根据地纪念馆共发布问卷100份，回收100份②。统计结果如下：

表3—1 问卷调查结果

您来自哪个地区	本省	省外
百分比	89	11

表3—1中，本省游客占89%，外省游客只占11%，可见，本省游客由于地理位置邻近、交通方式便捷等原因，构成了红色景区客源的主要组成部分。尤其是居住位置邻近红色景区的游客，比如居住在五公祠或海瑞墓景区附近的海口市民，周末闲暇时间便可到此一游，其方便程度非外地游客所能比拟。

表3—2 问卷调查结果

您的职业	公务员	事业单位	学生	企业	其他
百分比	33.4	28.1	30.5	6	2

① 何雁：《海南红色旅游如何“红”起来》，载《今日海南》，2011年第6期，第28页。

② 调查问卷的设计与分析由中国传媒大学舆情研究中心刘鹏完成。

表3—2中，公务员（33.4%）和学生（30.5%）是游客主要构成体，事业单位工作人员（28.1%）也是主要客源之一，企业人员（6%）光顾者少。在防腐拒变、惩治庸懒散贪、创造良好社会风气的大背景下，加强对公务员作风建设和思想教育工作不容忽视。学生是祖国未来的脊梁，是社会主义建设事业的朝阳，了解共和国的历史对他们来讲是必修课。

表3—3　问卷调查结果

您参观红色旅游景点的方式	亲友陪同	单位组织	旅游团	个人
百分比	33	56	11	0

表3—3中，游客主要是通过单位组织方式（56%）来参观红色旅游景点，其次是通过亲友陪同方式（33%），以旅游团方式（11%）参观的游客数量较少。可见，现在旅行社在确定旅游线路时，红色景区并非热门之选，这也从侧面映衬出景区配套设施不健全的现实，游客无处消费，旅行社和导游无佣金可赚。

表3—4　问卷调查结果

您来此目的是	爱国主义教育	观光	怀古	休闲
百分比	78	38	67	64

表3—4中，大多数游客来红色景区是接受爱国主义教育（78%），其次是为了怀古（67%）和休闲（64%）的目的，纯粹观光（38%）的很少。爱国主义是永恒的主题，民族的才是世界的，海南国际旅游岛建设需要对岛民加强爱国主义教育，中国走向世界也需要对国民加强爱国主义教育。父母在抚育子女的过程中也要重视孩子的素质教育。怀古和休闲反映了

现代人的思古情怀和追求从繁忙紧张工作中获取解脱的志趣。

表 3—5 问卷调查结果

您对红色景区的评价是	非常满意	满意	一般	较差	差
百分比	8	54	38	0	

表 3—6 问卷调查结果

您认为红色景区有哪些需改进的地方	红色主题内涵需挖掘	配套设施要加强	门票要便宜	导游素质需加强
百分比	60	90	67	60

表 3—5，54% 的游客对景区感到满意，仅有 8% 的游客感到非常满意，为数不少的游客（38%）感到景区一般。表 3—6 中，对景区提的建议主要集中在降低门票（67%）、加强导游素质（60%）、挖掘红色主题内涵（60%），加强配套设施建设（90%）等。尤其是配套设施不周全、不先进等缺陷，严重限制了游客旅游参观的动力，是红色旅游发展的最大掣肘。

表 3—7 问卷调查结果

您通过何种方式知道的红色景区	亲友介绍	电视	报纸	网络
百分比	60	27	30	10

表 3—7 中，60% 的游客通过亲友介绍得以了解红色景区，有 27% 和 30% 的游客以电视和报纸为媒介了解红色景区，只有 10% 的游客愿意相信网络。可见，在游客中打响知名度，树立他们关于红色景区的良好印象，口口相传的方式是营销红色景区的有效途径。

表 3—8 问卷调查结果

您在红色旅游景区的消费额度	100 元以下	100—500 元之间	500 元以上
百分比	100	0	0

表 3—8 中，100% 的游客在红色景区的消费少于 100 元。同样出于配套设施不完善的原因，游客有钱花不出去，无处消费。

2. 海南红色旅游软实力不足的现实反映

首先，品牌没打响。“海南是中国的海南，博鳌是亚洲的博鳌，三亚是世界的三亚”，3 个人们耳熟能详的短句道出了海南的尴尬与无奈，无形中，作为省份的海南已经被地级市三亚和昔日的无名小镇博鳌比了下去。三亚作为一个地方品牌比海南还要响亮，海南要建立国际旅游岛，要建立自己的品牌，但同时必须承认，海南本身的品牌建立起来了，并不意味着海南旅游的品牌尤其是海南红色旅游的品牌也随之建立起来，后者在于旅游资源的开发、旅游路线的设计、旅游项目的创新和旅游从业人员备受认可的服务质量。和江西、陕西、湖南等红色旅游大省相比，海南红色旅游在运作模式、市场营销、客源等方面都存在明显劣势，有巨大潜力待挖。

其次，基础设施、配套设施跟不上。主要体现在几个方面：（1）交通状况不佳。游客前往红色旅游景区，主要是通过公路，以自驾车或乘坐大巴的方式，由于经济社会发展程度不高，开发有限，没有铁路通往这些景区。路况不佳增添了游客前往景区的困难，减少了他们参观游览的激情和兴趣，既然不能乘兴而去，自然也不能收获圆满旅程。交通情况的制约，使游客进不来，散不开，出不去，直接影响了客源。（2）餐饮、住宿、娱乐、购物等设施不完善，食物粗糙欠精细，纪念品单调无惊喜，住宿环境不舒适，制约了游客的消费欲望。

再次，旅游产品表现手法和形式单一。形式决定内容，形式丰富多样，富于变化，能更好地体现内容。红色旅游展现的是革命精神和烈士遗志，揭示了现代人触摸不到的时代发生的可歌可泣的故事，其基调是恢宏庞大的，表现形式可以不拘一格。任何时代都有共性，又有其无法复制的个性，任何人都有其平凡的一面。母瑞山纪念馆陈列展品和图片，衬托出庄严肃穆的气氛。对英雄人物和英雄故事的描述采用平和自然的方式，不刻意渲染更能显示出人性的立体感，也能更接近平民百姓的生活，和他们内心深处深藏的情感相呼应。因此，红色旅游产品在表现手法上应该更轻松。另外，母瑞山的展览馆是就展品而展览，采用的是讲解员讲解，观众跟随参观的方式，这是一种传统的模式。在怎么样让展览品更深入人心、让革命先烈的形象更饱满鲜活、让不了解该历史的人也能有清楚深刻的直观了解上，还应该注意在产品的细节方面做些处理。

然后，分散的旅游资源缺少统筹整合。海南红色旅游资源不是局限在一个地方，分布在多处，这是优势，表现为红色旅游资源丰富，但也是劣势，资源得不到整合，就容易碎片化。海南红色旅游发展起步晚，受重视程度低，缺乏科学有效的统一规划，红色旅游发展没有整体指导思想和行为指针，在现实中孤军奋战，自己摸索自己的，合作意识弱，更没有把自身置于国际旅游岛大背景下发展。统筹性差导致的直接后果是，各地区在红色旅游资源开发过程中盲目借鉴别处的经验，走重复建设道路，自身的优势没充分发挥出来，造成了资源上的浪费和景区设计雷同现象，在游客中树立不起良好的口碑，限制了客源的扩展。

最后，对海南红色精神的挖掘不够。如前所述，凡事都是个性和共性的结合，是硬币的两面。海南红色精神也不例外，红色娘子军的光辉事迹作为中国革命时期不可分割的组成部分，她们身上带有中国革命先烈的共同特征：牺牲、奉献和爱国意识。海南红色文化不能脱离海南地区大的文化背景。海南远离中国大陆，海域面积广阔，海洋资源丰富，椰风海韵赋予海南人民洒脱的气质和淳朴善良的性格，他们在蓝天碧海、白云沙滩钩织的自然美景中和谐快乐地生活，呼吸没有被重工业污染的新鲜空气，欣赏天然无雕琢的原生态美景。他们更关注的是实实在在和快快乐乐的生活，对事业没有像在钢筋水泥搭建的现代化城市中疲于奔命的上班族那样执着，其心态更明净清澈，心灵更自由无羁，情感更热情奔放。海南地区整体文化基调为红色娘子军的传奇故事抹去了几分沉重，而多了几分轻松和浪漫。

不理解海南文化，就无法真正理解在海南这片热土上诞生的红色娘子军传奇。不论是母瑞山展览馆的展品，还是琼海遗址，都显得单薄碎片化，没有传递出文化的丰厚内涵，它们不是孤立的，而是和海南的过去、现在和未来有机融合在一起的，是海南文化的缩影。红色旅游产品注意和其他文化元素的连结，才能更体现作为精神文化产品的特性。

第三节　提升海南红色旅游软实力的路径分析

对经济活动战略地位进行分析时，SWOT 分析是最常用的方法，其中 S 代表优势（Strength），W 代表劣势（Weakness），O 代表机会（Opportunity），T 代表威胁（Threat）。SWOT 是从这 4 个方面对某区域的经济活动进行辩证、客观的分析，其最终目的是提升区域经济活动的竞争力，并为其战略制定提供全面系统的思路和理论指导[①]。

一、提升海南红色旅游软实力的SWOT分析

（一）优势

1. 品牌潜力

一个地方，就是一个品牌，比如延安、西柏坡等，因其承载深沉厚重的历史。海南是品牌，它是全国唯一一个热带省份，椰子树、橡胶林、没有污染的空气、别具特色的海上娱乐运动、细腻的沙滩和湛蓝的海水，风光旖旎的热带风情吸引着广大的国内游客。三亚是热带城市，在海南经济改革开放中首开先河，免税品的创建为当地经济发展贡献良多，也吸引着追求时尚、崇尚奢侈品的海内外游客。博鳌是品牌，每年一度的亚洲论坛为这个地方增色不少，使其知名度迅速攀升，以致引发琼海市是否要改名“博鳌”的热议。海南虽然不如三亚和博鳌名扬四海，但作为中国唯一热带省份，自有其无可比拟的优势，海南红色旅游依托海南省大平台，而海南的革命事迹带有无可超越的特色，在品牌创立方面有巨大的发展空间。

2. 区位优势

海南邻近广东、广西、香港和澳门，飞行距离短，交通便捷，机票、长途汽车或火车票都比较便宜，遇到假期、黄金周、打折期，旅途费用就更显得平民化。港澳通行证更是为大陆游客去香港、澳门旅游及见证当代文化或购物消费提供了便利的条件。在繁忙都市中打拼的现代人，倾向于充分利用休假制度，通过旅游观光的方式来犒劳自己，积聚了半年或一年的

---

① 李曼：《江西省红色旅游资源的开发利用》，华中师范大学硕士学位论文，2011年，第27页。

压力要在长达一周或十天半月的休假中释放殆尽。既然假期来之不易，仅去一两个地方无法达到休闲放松的目的，也不足以作为奖励自己的措施，将几个地方一网打尽才显得过瘾和对得起自己，海南由此成了中途驿站，这是其区位优势的体现。

（二）劣势

1. 政府重视不够

海南要建设国际旅游岛，把目光放在生态旅游和由旅游带动的其他产业诸如房地产、金融业的发展上，对红色旅游重视力度明显不够。红色旅游似乎是湖南、陕西、江西等省份的专利，与海南关系不大。到海南就是要欣赏自然风景，享受椰风海韵，体验热带风情，尽享海鲜美食，大饱耳福眼福，让五官感受大自然天然无修饰的美丽。海南工业不发达，工业基础薄弱，第六次党代会也是把绿色崛起作为海南发展的基调。绿色已成为海南最大的资本和优势，绿色就是纯天然和原生态。尽管如此，海南红色旅游不应该被边缘化。

2. 管理者思想观念保守

红色旅游景区管委会大多数以财政拨款维持景区正常运转，长期以来，片面依靠政府扶持，养成了“等、靠、要”思想，面向市场主动进行开发的意识不强。在这种消极被动思想的带动下，他们意识不到自己在红色旅游资源开发方面的积极能动性，诸如开拓市场、促销活动、扩大客源、旅游项目设计、景区修葺等，其工作仅局限于执行主管部门的指令，按规章制度办事，长此以往，思路越来越狭窄，意识越来越僵化。

3. 服务人员包括导游素质不高

红色景区不成规模和气候，和服务人员素质无法让游客满意有密切关系，红色旅游持续低迷又转而增加了提升服务质量的困难。很多红色景区处于经济欠发达的市县地区，景区服务人员多来自于本地居民，对红色历史缺乏详细的了解，对服务流程缺乏规范的认知，略加培训就仓促上岗。导游在讲解时，呆板严肃，欠生动活泼，对革命历史的理解欠系统和深刻，经不起游客深入发问，无法和游客形成妙趣横生的互动，无力在游客心中形成共鸣。受限于客观情况，关于景区服务质量问题，主管部门明知如此，也无可奈何。

4. 市场知名度不高

海南红色旅游知名度不高，导致的直接后果就是客源少。笔者选定的19名访谈者表示，对海南红色旅游缺乏兴趣。定安母瑞山革命根据地纪念馆游客大多以单位组织集体参观的形式，在具有特殊纪念意义的日子如建军节、建党节和国庆节，有一定的客源。

（三）挑战

对于江西、湖南来说，红色旅游产业已成为它们的支柱产业，是造福当地老百姓的主要手段，其红色旅游开发较早，运转模式成熟，有较大的市场知名度和稳定的客源。相对来讲，海南红色旅游先天上缺乏优势，毕竟海南在革命时期不像延安、井冈山那样具有无可撼动的地位和无可超越的历史意义。

海南红色旅游起步晚。1999年，江西省率先提出红色旅游概念，得到广泛认同，江西革命圣地早已成为全国最受瞩目的红色旅游热点。2003年，江西、陕西、湖南等13个省区153个主要红色旅游点接待人数高达1734万人次，2004年仅江西省红色旅游接待人数达1350万人次，2005年江西省红色旅游接待量突破1500万人次①。其他省区红色旅游规划也走在海南前面。2005年5月，中共河南省委宣传部、省发改委、省旅游

① 王亚娟：《红色旅游开发研究——兼论河北省红色旅游开发》，华侨大学硕士学位论文，2006年，第1页。

局联合制定了《2005—2010 年河南省红色旅游发展规划纲要》，使河南红色旅游的发展走上了规范化的道路①。2008 年初，海南省第一个红色旅游规划《海南省母瑞山红色旅游发展规划》通过评审，提出结合海南生态岛特色，以“绿岛红区”主题形象定位②。

（四）机遇

国际旅游岛建设是国家战略，对于促进海南经济社会发展具有重要意义，对旅游产业做大做强具有重要意义。机遇可遇而不可求，红色旅游在国际旅游岛的大背景下，只要找准点，把刀用在刀刃上，使巧劲，做好产品品牌设计和包装，加大宣传力度，必定会开创出自己的一番天地。有为才有位，主动出击，总结经验和教训，推陈出新，去除“等、靠、要”思想，红色旅游产业的管理者和相关从业人员不要被动等待政府扶持，加大摸索和开发的力度。浴火重生的海南红色旅游产业，在业界中形成鲜明的两点，以特色站稳脚跟，向已经习惯于湖南、江西等地红色旅游的游客展现别样风情。国际游客来海南，除了要在碧波荡漾的大海中进行潜水、帆船等娱乐活动，还要亲身感悟海南和谐欢乐的气氛及博爱包容的儒家文化。红色娘子军的传奇，会引起崇尚自由精神和男女平等国外游客的认同。

当前，南海问题让中国捍卫主权的意志更加坚定，中国从未放弃以和平方式妥善解决南海争端的立场，这反映了中国人民热爱和平的文化理念，与革命烈士保家卫国、勇于牺牲的精

---

① 曹丽娟：《河南省红色旅游资源开发现状与对策研究》，山东大学硕士学位论文，2007 年，第 25 页。

② 杨春虹：《中国红色记忆的永恒旋律——〈红色娘子军〉让国人感受独特的海南红色精神》，载《海南日报》，2010 年 1 月 7 日。

神是一脉相承的。

二、海南红色旅游软实力提升路径研究

（一）海南红色旅游开发的总体战略

1. “做精做细”而非“做大做强”战略

如前面所介绍的，海南红色旅游资源众多，但比较分散，规模不大，一些景区基础设施尚不健全，不具备接待团体游客的实力。如果平均用力，必会造成重复开发、重复建设，无异于物质资源和精神资源的巨大浪费，把红色旅游做精巧和做细致，而不是做大做强，是发展红色旅游的可选之路。精巧体现于线路的选择，旅游项目的设计，景区的布局，红色内涵于景点之内的巧妙渗透和景点之外的迂回萦绕，游客不是被动地接受灌输式的红色教育，红色主题如春风化雨润物无声。线路的选择要把凸显红色主题的红色游、徜徉于天地间的绿色游、享受碧海沙滩的蓝色游、体味民俗风情的彩色游连成一片，让游客陶醉于视觉、听觉的盛宴。细致在于为游客打造人性化的旅游产品，发扬以人为本精神、体现人本关怀意识，急游客之所急，想游客之所想，把服务工作做到细处，于细节处显真诚。

2. 可持续开发战略

开发红色旅游，不仅是当代的事，也是子孙后代的事，不仅要造福于当代，还要造福于子孙后代。因此，在开发过程中就要注意：因地制宜，经过深入详实的调查后，制定开发规划，长时期坚持不动摇，保证开发旅游资源的过程有明确的指针可供引导；开发和保护并举，在针对一些红色旅游资源进行必要的开发时，要坚持合理、科学、适度和谨慎的原则，注意保护暂时不需开发的资源；在挖掘客源、运转红色旅游产业的

过程中，充分考虑到环境生态的承载力，提升旅游业及其相关产业从业人员的环保意识，监督并惩罚其破坏生态环境的不文明行为。

可持续发展，意识先行。当地居民认同红色旅游带来的实际收益，自觉把红色旅游看作本地区经济社会发展中不可分割的组成部分，将会凝成合力推动红色旅游的发展。他们会察觉红色旅游发展中的不足并修正其缺陷，与时俱进，挖掘红色旅游的传统内涵并赋予其时代精神，将保护红色旅游的意识传延给子孙。在接待游客时，也会以高度负责的主人翁精神和良好风貌，展现红色娘子军后人的精神气质，和游客形成良性互动，让后者融入当地文化并关注当地红色旅游事业的长远发展。游客对海南红色旅游产业的口碑提升了，通过让朋友告诉朋友、让大家告诉大家的方式，海南红色旅游景区将有源源不断的客源，这是其生存发展的强大后劲和精神支撑。

3. 科教和人才兴国战略

科学、教育和人才是国家兴盛的根本，红色旅游产业也要以此为支撑，加强在这三个领域的投入。要利用网络，搜寻大量信息，实现资源共享，借鉴世界各地旅游名胜景区在开发和发展方面的经验，结合本地区实际，走出一条体现共性又凸显个性的特色之路；利用网络，还可以充分招揽顾客，进行网上调查，了解游客心理需求，为旅游前期开发提供科学依据，进行后期回访，测量游客满意程度，积累经验改正不足；利用现代的立体声像模拟技术，科学规划旅游景区，实现旅游产品的宣传促销；用电子产业、通讯行业发展的最新成果武装旅行社、酒店、健身馆等与游客衣、食、住、行密切相关的场所，让游客身在外却没有被时空阻隔的不方便之感，让他们随时随地享受到现代社会独有的快捷体验和高质感的旅行生活。

教育是百年大计。教育并非只能在学校实现，走出课堂，处处可以找到教育的平台。把红色旅游发展地作为海南中小学生爱国主义教育的基地，从小树立他们热爱祖国和热爱家乡的意识，就是现实和理性的选择。红色旅游景区管理委员会和海南大学、海南师范大学旅游系建立联系，通过党支部结对共建等方式，互相借重彼此优势，能实现互惠性合作。比如，旅游系学生客串导游，可以增长见识，丰富阅历，把理论和实践结合起来，通过开拓眼界学到书本上学不到的知识；旅游系师生可以把红色旅游景区的开发与发展作为案例进行研究，丰富自己的研究成果。

高素质旅游管理人才、市场营销人才是制约海南旅游产业发展的瓶颈。海南经济社会发展相对落后，起点低，起步晚，对人才重视程度不够，客观和主观因素使该地区人才不足，本地高考生以出岛念书为目标。海南居民和在海南就业的人员整体素质较低，使人才引进缺乏有吸引力的软环境。海南国际旅游岛建设作为国家战略被提上日程，海南迎来难得的历史机遇期，大批量引进人才是推动海南抓住机遇和实现腾飞的必然选择。引进人才，要为其提供发展空间，让其首先能满足自身利益即提升自我并且能赚取与其能力及业绩相衬的报酬，还要实现其社会利益即切实推动海南建设以服务于社会。人才是个相对和流动的概念，如果不适当引导和合理利用，人才也会流于平庸。因此，要加强对旅游产业及相关产业从业人员的培训。鉴于红色旅游的特殊性，要加强对历史知识、国情和省情的培训。

4. 合作战略

首先，各地红色旅游在开发时，要突出比较优势，避免雷同现象和重复建设，要协同作战，服从于政府的统一规划和部署，而不是单枪匹马，孤军奋战。要加强资源整合，全省一盘棋，各棋子各司其职，灵活应变，把整盘棋下活；要优化升级红色旅游产业产品结构，提升产品质量；加强基础设施改进、完善和融会，实现共享。实力较强和开发较早、运转模式比较成熟的景区，要及时总结经验，向开发较晚、发展尚处于初级阶段不成气候的景区传经送宝。游客较多的景区要本着负责任的态度，向游客积极推介其他景区，打破行业间恶性竞争的不正之风，形成互帮互助、互传互带的良性风气。其次，要加强省外合作，打破行政界限，广东、广西、福建等与海南邻近的省份红色旅游资源都很丰富，红色旅游开发时间较早，积累了丰富的经验，为海南省发展省外合作提供了广阔的空间。合作可在以下几点上下功夫：共同打造红色旅游精品线路；开拓全国全世界的客源市场；加强交流，联合促销宣传；共同集资，加强基础设施建设，实现资源共享。省份之间合作益处多多：一来节省资金，避免资源浪费；二则重磅出击，整合精品资源，形成品味卓越、质量先进的旅游产品；三则使红色旅游方面的合作外溢到其他领域，合作因而不断拓展。

5. 全面重点战略

全面指与红色景区有关的基础设施，如水电设备、卫生间设施和垃圾处理设施等，以及景区配套设施如餐饮、住宿、通讯、邮寄、娱乐等配套设施要齐头并进、全面发展，使景区以完整系统的面目出现。游客人在旅途，出门在外时考虑的重点是舒适便捷，景区设施要最大限度合理利用现代科技成果。重点指红色旅游资源开发程度不均、开发潜力不均，如硕勋亭地理位置不起眼，环境较差，周围人声嘈杂，环境有失宁静安详，旅游资源单薄（仅是一塑像），相对于附近占地较广、以公园形式出现的五公祠而言，开发潜力不足。总体而言，琼海红色娘子军纪念园依托琼海整体优势，和万泉河、博鳌等著名景点融为一体，有琼海人民众志成城传承红色娘子军革命精神的信念做支撑，只要在旅游线路上精心选择和规划，琼海红色旅游会有一番作为。定安母瑞山革命根据地纪念园作为海南人民单位组织爱国主义教育活动常选之地，已有了相对固定和庞大的客源，在挖掘历史资料方面又下足了功夫，为红色旅游资源的进一步开发奠定了良好的基础。以这两处地方作为海南红色旅游发展的龙头是现实可行的选择。

（二）海南红色旅游的系统设计

1. 品牌创立

品牌不是无根之木，无源之水，品牌不是一夕之间就能建成的。品牌源于质量和特色，靠打广告建立起品牌是昙花一现，只能在短时间建立一个噱头，经不起时间的推敲和考验。质量和特色都是特性的体现，由此才显得珍贵。就服饰而言，有的服饰流于大众，毫不起眼。阿玛施作为成功的服装品牌，其服装主打款是职业装，这是其特色，布料舒适、上身效果挺括大方，这是其质量。对于红色旅游产品而言，它如何成为红色旅游产品而不是其他旅游产品，即要体现它的质量，也要和其他红色旅游产品有不一样的地方，则是其特色。

从1921年中国共产党成立到1949年新中国成立的28年间，中国革命经历了不同的发展阶段：第一次国内革命时期（1921—1927）、土地革命时期（1927—1937）、红军长征时期（1934—1936）、抗日战争时期（1937—1945）、解放战争时期（1945—1949）[①]。红色娘子军传奇发生在土地革命战争时期的海南。中国工农红军第二独立师女子特务连即红色娘子军于1931年5月1日在乐会县第四区即今琼海市阳江镇革命根据地宣告成立。她们在中共琼崖特委领导下，出色地完成了保卫领导机关、宣传发动群众等项任务，并配合主力部队，伏击沙帽

① 王亚娟：《红色旅游开发研究——兼论河北省红色旅游开发》，华侨大学硕士学位论文，2006年，第17页。

岭、火攻市炮楼、拔除阳江据点及马鞍岭阻击等，在战斗中不怕牺牲英勇杀敌，为琼崖革命立下了不朽功勋①。

海南红色旅游的特色在于两点。(1) 在通讯和交通不发达的革命时期，琼州海峡阻碍了海南和内地的联系，中共中央的指令难于及时传达，在海南孤岛作战的革命先驱们凭着坚定的共产主义信念，热血抗敌，创造出“23 年红旗不倒”的奇迹。(2) 红色娘子军缔造了新的革命传奇。妇女本是柔弱和无助的象征，尤其在战场上是被人保护的对象，不伤害妇女和儿童及老者是正义战争遵循的原则之一。在残酷的革命时代，任何人都无法苟安于乱世，拿起武器战斗，尽微薄绵力是有志之士的选择，海南的红色娘子军是一个群体，不是三三两两的几个人，它象征着一种精神和信仰，是那个特殊时代盛开的鲜艳红花，供后人仰望，留恋其芳香。冯白驹将军曾在他撰写的《关于我参加革命过程的历史情况》一文中说，“在琼崖第二次土地革命高潮期间，琼崖妇女强烈要求参加红军，拿枪上前线杀敌，为了表彰和发扬琼崖妇女的革命斗争精神，琼崖特委决定成立女子军特务连。”1931 年，乐会县苏维埃政府根据琼崖特委的指示，公开发出征召女子军的布告。布告说：“英雄的、经过考验的乐会县妇女们，拿起枪来，当红军区，和男子并肩作战。”在女子特务连成立大会上，女战士们佩戴上“女子军”臂章，在军旗前庄严宣誓：“为人民、为革命，我坚决服从命令，并随时愿意献出自己的生命!②”

在无数文人墨客笔下被赋予同情色彩的女性，在中国革命史上留下了可歌可泣的一笔。从历史到现在，海南女性的坚

---

① 王鸿莲:《红色娘子军故里——琼海》，载《中国老区建设》，2006 年第 1 期，第 59 页。

② 王鸿莲:《红色娘子军故里——琼海》，载《中国老区建设》，2006 年第 1 期，第 59 页。

韧、勤劳和勇敢备受称道，她们朴实善良，坚守女性传统美德，勤俭持家，辛勤劳作，待人接物真诚友善。红色娘子军代表的不仅是特殊时代的女性群体，而且是古往今来所有海南女性的缩影。看看黎族妇女用巧手编织的黎锦，想想冼太夫人的丰功伟绩和黄道婆在纺织术上做出的贡献，国母宋庆龄的故乡，女性是俨然不可缺少的半边天。红色娘子军的精神是一种延续，也在不断地传承，这种特殊的精神气质是一种风采，折射在海南众多女性的身上。

2. 产品包装

包装是对产品的框定和描述，最大限度地凸显它本身包含的意义和精神气质。任何一种产品都不是孤立的存在，反映了某种价值理念。比如杯子，使用它意味着人类告别野蛮时代，享受亲人陪伴，友人围绕的家庭生活，重视亲情和伦理的价值蕴含其中。任何产品的诞生都是文明大进程中的一小步，是人类寄托感情和理想的载体。再如手机，20 年前，它还从未出现在人类的生活之中，可如今确是人手一部再平常不过的电子产品，是人类改造自然、冲破时空阻隔的辛苦尝试和可贵成果。包装相当于广告语，是商品营销活动中的点睛之笔。五粮春的广告语是“名门之秀”，五粮春让人联想到五粮液，同出于名门，五粮液让人感觉粗犷豪迈，五粮春却让人感觉优雅秀气。“名门之秀”恰如其分地衬托出五粮春的典雅华贵，让爱好杯中物者一饮为快。

文化是人类创造的精神财富和物质财富的总和，这是广为世人接受的文化的定义。具体说来，文化还是某种价值观念，是人类共有的行为方式比如风俗习惯，是共同的心理感情。文化不是抽象的，它有很多种，比如儒家文化和其涵盖的孝文化。既然产品反映了人类的价值观念即反映了某种文化，在对产品进行包装时，创造和这种文化之间的联系是明显的理性选择，再如著名的广告语“孔府家酒，让人想家”。如前所述，文化还是共同的心理感情，它源于集体记忆，虽然并非每代人都经历国家遭受侵略的历史，但对侵略者的仇恨却以集体记忆的方式流传下来。因此，利用民众心理对产品进行包装也是理性的选择。

湖南可被称为“中国的心脏”，这是对湖南开发旅游资源做的最好的广告语。心脏，让人衍生亲切之感，凸显这个地方在历史和现实中对于中国的重要性。其次，从地理位置上，心脏之说也是名副其实。再次，从整体着眼，湖南是中国文化的缩影。至于海南，海南是中国唯一热带省份，四季如春如夏，陆地面积最小，海洋面积最大，和广东省等大陆地区相隔琼州海峡，颇具神秘之感，正在建设海南国际旅游岛的这一地区面临难得的机遇，发展势头广为看好，更增添了对游客的吸引力。

革命战争时期，孤悬海外的海南在远离中共中央的情况下奋力拼搏，保存了革命火种。红色娘子军是女性唱主角，颠覆了女性的传统角色，创造了历史，展现了女性柔中带刚的风姿。本该是和平安乐的土地在革命年代也上演了血雨腥风的一幕，战争过后，去当年的战场追寻历史的遗迹，于故地遥想昔日女战士的飒爽英姿，体现了游客对革命的无限情思和追忆。因此，用“中国南部的革命奇迹”来包装海南的红色旅游，不失为一个选择。

3. 营销战略

对海南红色旅游的营销，要多管齐下。首先，利用电影、电视等大众媒体，塑造时下游客对红色娘子军的认识。《红色娘子军》是一部经典电影，可重新选用有影响力的导演和编剧，对其进行翻拍，加入时尚性的元素，适当描写女战士的爱情和生活，从人性的角度对其进行全方位诠释。还可将其故事搬上小银幕，在黄金时间播出，如故事情节编排合理，侧重于剧情的发展而非单纯说教，会引起广大观众特别是女性朋友的共鸣，用励志的方式帮助人们找回失落的理想。反映红色娘子军历史的文艺节目也可登上荧屏。2012 年中央电视台元宵晚会，三亚舞蹈团的舞蹈《万泉河水》便是一个尝试。其次，利用平面媒体。在报纸上对海南红色旅游加强宣传，在社会上树立起海南红色旅游的正面形象。宣传不可突兀，应与海南国际旅游岛建设同步进行，在旅行社策划的环岛游中加上琼海或定安红色旅游的项目。再次，可策划出版关于红色娘子军的著作，咨询成功出版商的意见，确定选题，或邀请知名作家前来海南，体验红色旅游的魅力并著书立说，请资深媒体人士作序，请评论家写书评，扩大这些著作的图书市场。最后，不拘一格，不遗余力扩大营销途径。每逢冬季，全国各地的“候鸟”老人便纷纷来海南过冬，这些老人一般都有较高的生活品味和审美情趣，喜欢参与文艺活动以达到强身健体的功效。组织这些老人参加以红色娘子军为题的文艺汇演，是推销海南红色旅游的方式。

4. 景区和旅游项目设计

各地区红色旅游要具体分析，凸显特色。定安母瑞山的红色旅游景区以纪念园的形式出现，内有陈列馆，是爱国主义教育基地，以接待游客团体为主，是各行政、企事业单位，少先队员、党员在重要节庆日如建党、建军、国庆节期间进行爱国主义教育的好去处。展览馆可采用计算机控制的视听技术，让游客在参观时感受强烈刺激，仿佛置身于炮声隆隆的战场，增加身临其境的效果。现在流行 3D 电影，福山咖啡风情小镇展览馆专门设置放映厅，播放 3D 专题片，让游客对当地火山岩的特征及发展咖啡产业得天独厚的优势有更形象生动的理解。琼海红色娘子军纪念园由和平广场、纪念广场、红色娘子军纪念馆、椰林寨、南霸天故居、旅游服务功能区等六部分组成，被授予“全国爱国主义教育示范基地”称号，完整地保存其原貌，增强原汁原味的感觉，去除不必要的修缮，有利于吸引游客前来。

红色旅游线路的设计要独具匠心。以琼海为例。博鳌亚洲论坛永久会址——博鳌水城，充满英雄主义气概和神奇灵性、中国热带自然生态保存最完美的生态河流、被称为“中国亚马逊河”的万泉河，以及红色娘子军纪念园是琼海市三大旅游品牌。旅游线路把三个景点都考虑在内，既顾及了不同层次和年龄阶段顾客的需求，又充分发挥了琼海的历史、文化、生态和品牌优势。也可以把一系列珍藏的红色故事制作成菜单，让游客自己来选，摆脱过去的死板模式，真正迎合游客需求，如江西赣州市推出了“四大红色体验套餐”这种全新的参与体验式红色旅游①。

红色旅游景区的饭店，应保留古朴简约的特征，以吃农家饭为主，让游客体味农家乐。海南是蔬菜瓜果之乡，红薯饭、芋头饭、斋菜煲、文昌鸡、东山羊等这些充满农家风味的菜肴会让游客大快朵颐，在青山绿水的环绕中享受美景美食。旅馆应以清幽洁净为首要考虑，基本设施齐全，可用别出心裁的设计吸引游客的视线，如旅馆招牌可设计为“红军营”，房间可设计为“一连”“二连”“三连”等，古韵悠悠，让游客在湖光山色的怀抱中追昔抚今，尽享偷得浮生半日闲的趣味。

全国100个红色旅游景点景区之一的绍兴设计的“六个一”主题活动包括：看一个展览，听一次党课，观一部电影，

---

① 姬冉：《红色旅游产品吸引力提升策略新探》，载《华北水利水电学院学报》（社科版），第28卷第1期，2012年2月，第100页。

温一次誓言，谈一次体会，以及发一条短信[①]。海南可利用母瑞山山地的原生状态，发展户外运动项目，体验冯白驹带领战士们在极端恶劣的自然环境中和敌人周旋的情景。可开辟出挂牌为“操练场”的大型场地，设计打靶、篮球、射击等项目，也可依托母瑞山地理位置设计出攀岩、高空绳索等项目，让游客体验野外求生的艰辛以及在战斗之余磨练体魄的意志。琼海红色娘子军纪念园“南霸天故居”内住着昔日的4位红色娘子军战士，可设计缝制红军鞋、编制红军斗笠、做红军饭等项目，让游客参与，让红军老战士现场指导点评。《红色娘子军》虽是以战争为题材的电影，但其中不乏温馨浪漫的镜头，女战士红莲和阿贵的婚礼，是战争年代的浪漫进行曲，娘子军纪念园可设计“红色婚礼”项目。开发设计好的旅游项目，增强游客的参与度，有利于打响红色旅游的招牌。

5. 加大红色旅游资源开发的资金投入

红色旅游资源所在地的政府部门要充分利用市场机制，采取灵活措施，鼓励各类企业组织投资红色旅游，创造良好投资环境，逐步建立起政府引导、多元投资、市场化运作的投资机制。另外，要争取政府资金和国家开发银行的政策性贷款。要切实用好省财政每年列支的精神文明建设专项资金，重点用于爱国主义教育基地建设，严格规定资金的使用、审计、招投标等。积极争取国家红色旅游专项资金、国家扶贫资金和国家其他建设资金的支持。各市县财政每年应安排一定数额的红色旅游专项基金，并逐年增加旅游建设的基础性投入和导向性投入，为红色旅游创造良好的发展环境。再者，可吸引当地农民

① 刘红芳：《论红色旅游资源的开发与管理——以河南省红色旅游开发为例》，河南大学研究生硕士学位论文，2007年，第21页。

资金，鼓励其创办集体企业，生产具有当地特色的旅游商品[①]。

6. 导游团体素质的提升

导游所有的行为都围绕着几个问题展开，比如旅行往何处去、看什么、如何看、做什么和停留多长时间。所以，导游说什么和做什么将对游客在旅游目的地的经历，游客如何看待当地文化和人民有很大影响。更进一步说，游客对旅游目的地的环境、文化、经济和人民的印象是好是坏，很大程度上依赖于导游。导游的言行和举动是当地导游群体整体素质的缩影，也反映了当地旅游管理部门规范旅游市场的力度。理想层面上看，导游肩负民间大使的使命，通过自己的行为折射当地居民的热情好客，为游客建立起理解当地文化的桥梁。

导游的讲解是其职责的重要组成部分，是整个引导过程的主要元素。不管游客被带往何方，旅游持续多长时间，游客参与什么活动，讲解是贯穿整个过程的必要因素。讲解是一门艺术，带有娱乐性、交流性和教育性的特征。导游解释自然资源和文化资源包含的意义，提升游客对当地文化包括特有风俗的理解和欣赏程度，增强其对当地的认同感，培养其关爱当地环境的意识，进而促使其为妥善维护当地资源而从事适当的行为。导游如何传递关于一个地方的自然和文化价值的信息，在很大程度上影响游客长期的行为、想法和感受，产生移情效用，让游客不把自己当作外来户，而自觉地融入旅游目的地，纠正不适当的行为，培养负责任的态度。所以，成功的导游讲解可被称为劝说型讲解。它具有点石成金、化腐朽为神奇的功效，能让山山水水都变得灵动而充满活力，在游客心目中建立起关于旅游目的地的积极形象。

劝说型讲解分为三种类型：指导型、行为型和教育型。指

---

① 曹丽娟：《河南省红色旅游资源开发现状与对策研究》，山东大学硕士学位论文，2007 年，第 46—47 页。

导型讲解指导游为游客提供基本信息，诸如旅途花费的时间、旅游目的地之间的距离、旅游景区布局、基础设施、当地特色、安全保障，旨在让游客产生舒适放松又安全可靠的感觉。关于旅游景区布局的信息让游客有多重选择，可以避开嘈杂人多的地方，根据自己的喜好游览不同的景点。行为型讲解表现为从生态环境保护和社会文化发展的角度，旅游目的地希望游客遵守的行为规范。澳大利亚、泰国和德国的旅游当局为游客制定了明确的行为规范，作为履行管理职责的一种手段。教育型讲解包括关于旅游目的地历史、文化、地理和人文特征的信息，帮助游客对该地区有更深刻的理解。教育型讲解不仅帮助游客获取愉悦的旅游经历，达到旅游的目的。旅游本身就是游客奖励自己的手段，让其从繁忙的工作中解脱出来，通过游览名胜河川增长见识，丰富阅历。从长远上看，教育型讲解有利于旅游目的地更好地保存当地社会与文化特性的完整性和延续性，保全生态环境的质量①。

讲解不是说教、命令和学术意义上的引导，而是启发游客们思考。讲解也不是对旅游目的地进行无谓赞颂和唱赞歌，如果讲解词对当地发展存在的不足表达适当关切，透露着某种忧虑，但带有笃定的信念，并含有幽默的情趣或能引发游客共鸣的因素，游客能受到鼓舞，展开思考。其次，讲解词要能被游客欣赏和悦纳，游客要从旅行中得到某种享受和乐趣。再次，讲解词如果不和游客的人格或生活中蕴含的因素相关，必定是枯燥无味的，所以讲解词一定要贴近生活，反映人性。如果讲解词能触及与游客紧密相关的问题如其个人经历、思想、希望、生活方式、社会地位等，后者才能做出反应。最后，讲解

① Hounnaklang, S. Profiles and Roles of Your Guides: A Comparative Study between Thailand and the UK. The 2nd Asia-Pacific CHRIE (Apac CHRIE) Conference & the 6th Biennial Conference on Tourism in Asia Proceedings. May 27—29, 2004, Phuket, Thailand, p. 14.

词必须是精心组织过的，避免杂乱无章。讲解是一门艺术，会综合运用来自于多个领域如科学、建筑、历史学科的元素，并通过类似于讲故事的方式赋予这些元素以生命力，所以讲解忌讳机械地背诵解说词。最后，讲解必须有明确的主题，主题和题目是不同的。题目是解说词的大框架，比如海南的红色旅游，但主题是以客观事实为基础的明确清晰的论断，体现为某种观点，比如海南红色娘子军是土地革命时期的武装力量。

琼海红色娘子军纪念园的导游应由当地年轻女性担任。生于斯、长于斯的年轻人在老一辈耳濡目染的熏陶下，对革命历史传统有归属感和认同感，在讲解时能自然而然真情流露，让听众深受感染。她们对制约当地经济社会发展的问题深有体会，对通过发展红色旅游改变现状，造福子孙后代创造美好生活有强烈的抱负，对发展旅游产业有决心和斗志。这都是发展红色旅游必须的精神要素。另外，当地独特的文化孕育了一代又一代的居民，使他们具有共同的精神气质，分享共同的价值观念，这种共性不受时空阻隔，代代绵延。新一代女青年担任红色旅游景区导游，统一穿戴昔日红色娘子军军装，让游客仿佛登上时空穿梭机穿越了时空。在流行穿越剧的时代，这种设计尤其在年轻人当中会大有市场，也会唤起年长者对峥嵘岁月的无限缅怀。笔者曾游览北京恭王府，那曾是大贪官和珅的官邸，后成为恭亲王奕䜣的官邸，导游一身清朝装扮，清新儒雅，唤起游客对那个时代的无限想象。

导游普通话差，和外地游客在沟通时有障碍，制约了海南整体旅游业的发展，已成为一个比较严重的问题。对导游进行普通话培训，对导游普通话考试环节严格把关，整肃导游队伍是规范导游从业行为的第一步。另外，要提升导游的整体素质，考察他们对红色旅游历史的熟悉程度，严禁不合格的导游上岗。导游的意识是影响导游行为并进而影响游客对旅行满意度的无形因素。和游客打成一片是好事，保持适当距离，秉承君子之交淡如水，对别人隐私不打听、不过问，导游才能一则提升自己在游客中形象，用职业操守和良好人格赢得游客的好感和信任，并树立起威信，二则导游和游客之间的关系才能彼此都感到愉悦。

中共海南省委党校对开展红色旅游基地的现场教学做了有益尝试，对于红色旅游景区的讲解是一种启发。其题目为“琼崖革命的武装斗争”[①]，包含以下三个方面的内容。

第一，琼崖武装斗争的难点。琼崖孤悬海外，经济文化落后，开展革命和武装斗争困难程度可想而知。聂荣臻元帅曾经说过：孤岛作战，艰苦卓绝。“二十三年，红旗不倒”来概括琼崖革命，这个概念是形象而准确的，把琼崖革命的困难和琼崖革命的优点简明扼要地表现了出来。艰苦卓绝到底体现在哪几个方面呢？具体而言，包含以下四个方面：

首先，回旋余地小，四面环海。海南是全国陆地面积最小、海洋面积最大的省份。新民主主义革命时期，由于缺乏海上交通工具，海南地方党组织主要集中在陆地开展革命，广袤的海洋未能纳入革命的版图中。陆地面积不过 35351 平方公里，占全国陆地面积的 0.35%。海南岛地形中间高，四周低。适宜革命的主要是中部的五指山地区。经济发达、群众基础较好的东部沿海缺乏具有开展游击战纵深的山区。定安的母瑞山、内洞山一带是东北部五指山的余脉。其中母瑞山在新民主主义革命时期两次成功地保存了革命的火种。但总体而言，无论是母瑞山还是内洞山，一是本身的自然条件缺乏足够的纵深来开展游击战争，二是从区位来说，离海口太近，受到岛外反革命势力攻击时，缺乏足够缓冲空间和备战时间。海南革命的

① 讲稿由中共海南省委党校党史党建教研部讲师梁科提供，在此表示谢忱。

三次低潮都是从海口方向受到岛外具有优势装备反革命势力的攻击，如1928年蔡廷锴、1931年陈汉光和1946年韩练成的四十六军过琼。前两次都导致海南革命陷入低潮，这两次低潮的原因是多方面的，如敌我势力悬殊过大，琼崖地方党组织未能领会游击战争的精髓，集中迎敌等。从地形方面而言就是，无论是琼海的乐会四区和定安的内洞山和母瑞山，都离海口太近。

因此，海南开展革命武装斗争空间问题有三：一是陆地面积小；二是陆地适合开展革命的山区有限，主要集中在中部，这一地区传统是黎族苗族的祖居地；三是沿海经济文化发达、群众基础好，中东部地区缺乏足够的山区开展革命。1946年韩练成四十六军从大陆过海镇压革命时，虽然全副美械装备，最后还是被海南党组织成功化解了这次危机。一个重要的原因就是，琼崖地方党组织痛定思痛，总结出革命在海南岛主要集中在经济发达的东部沿海地区，忽视了往琼中部和琼南地区的发展。黎族领袖王国兴主动找共产党，使得双方一拍即合。琼崖革命的重心往五指山处转移，远离国民党统治势力强大的海口。总体而言，海南革命相比于大陆而言，可开拓和迂回的空间十分有限，不可能像中央红军通过长征从江西到陕北一样使中国革命转危为安。在这样不利的条件下，海南地方党组织能坚持23年，红旗不倒，确属不易。

其次，武器匮乏。民国时期海南地区工业极为落后，没有炼钢能力，更无兵工厂。因此，海南开展武装面临的第一个问题就是武器匮乏。武器在革命战争中的重要性毋庸置疑。在冷兵器时代，近战肉搏，主要依靠人的体力，武器的重要性不是很明显。现代战争中以远距离杀伤为主。武器的重要性就彰显出来了。海南革命的两次低潮，都是敌人因为优势装备和训练有素击败琼崖红军。由于工业落后和经费不足，琼崖红军的武器以自制为主，1928 年 1 月中共广东省委给琼崖特委信中指出："制备各种武器，如尖串、粉枪、梭镖等"。除自制外，通过战斗缴获也是一个方面。广东省委指出："军械的来源应下最大的决心从敌人方面夺取。""依现时琼崖的兵器，粉枪、尖串不成问题，弹枪只九百，应有决心地夺取敌人九百快枪，好完成红军一师的编制"。自制武器的梭镖属于冷兵器，不能远距离杀伤敌人。粉枪由于制造不精良，射程有限，射速也慢，射出的子弹杀伤力也有限。自制武器的另一个问题是这类武器大部分是轻武器，没有重武器。在现代战争特别是攻打城市时，重武器的作用是不可替代的。现存于中国革命历史博物馆的"荔枝炮"，是琼崖军民智慧的结晶，也是琼崖军民制造的少数重武器之一。因荔枝树比较坚固，当地人把树干用锯锯为两半，留底掏空，外面用粗铁丝和铁皮固定。填入火药后，再装进碎铁、铁砂。曾参加文昌抗日儿童团的郑心凯说，"近距离威力还蛮大，但是用多了炮管会炸开。"由于缺乏重武器，琼崖红军对敌人的炮楼经常束手无策。如红色娘子军历史上赫赫有名的火攻文市炮楼，据红色娘子军史记载，由于土制武器无法攻克，只能采取挖地道，用柴火烧迫使敌人投降。

再次，远离中央，必须坚持独立自主。由于孤悬海外，交通不便，加之缺乏通讯器材，海南地方党组织与广东省委只能通过人工进行交通联系，路途遥远，效率不高。1928 年 1 月广东省委给琼崖特委的信中提道："琼崖与省委的交通，实在太迟缓了，几乎每个月才能收到一次报告，这使省委很难指导琼崖工作，以后琼崖每星期至少须有一次交通带报告来，如有重大事件，当然要增加次数。"与广东省委的联络如此，由于缺乏足够的通讯器材，和党中央的联络更加困难。琼崖两度与中央失去联络，只能自己独立自主地开展工作。冯白驹同志在回忆录写道：从 1932 年到 1937 年，我们和上级失去联系，找不到上级，在香港找不到省委，在上海找不到中央。1941 年到 1946 年，中共琼崖和中央方面的联络一度中断了 5 年之久。失去电台之后，琼崖特委就与中央中断了电讯联络。1942 年、1943 年、1944 年，琼崖方面多次派人渡海，请求广东区党委和东江纵队协助解决电台问题，但是派出的人在路上都光荣牺牲。由于与中央缺乏联络，1946 年与韩练成作战时，无法通过联系中央甄别韩练成秘密党员的身份，导致双方不打不相识。在远离党中央的情况下，琼崖地方党组织养成了独立自主的决策风格，在一些重大决策上敢于充分向中央阐明自己的意见，如解放战争前的南撤越南与北撤山东，琼崖地方党组织根据自己长期扎根群众坚持本岛作战的信心，特别是长期独立自主实践成功带来的经验，经过与中央充分沟通后，琼崖地方党组织坚持本岛作战。从后面的历史进程看，这一决策是英明而有远见的，为迎接大军成功解放海南岛奠定了很好的基础。

最后，缺乏军官和军事人才。开展武装斗争，对军事人才的需求很大。现代战争日益成为一门科学，军官是军队指挥的灵魂，是开展武装斗争的重要条件。海南由于经济文化受限，没有像保定军校、黄埔军校和云南讲武堂那样的军官学校，甚至连陆军小学这样初级的军官基础教育都没有。因此，琼崖革命开展武装斗争，军事人才极为缺乏，只能通过上级党组织委派。由于军官缺乏，一些高级指战员不得不靠前指挥，造成不必要的伤亡。杨善集和徐成章等一批优秀的军事人才都因为一线缺乏足够的指挥人才靠前指挥，导致英年早逝，给革命带来很大的损失。

第二，琼崖武装斗争的特点与经验。首先，实践本位。琼崖武装斗争由于孤悬海外，远离中心，党中央和广东省委难免有鞭长莫及的感觉。武装斗争的开展，要大胆地闯，大胆地试，在实践中探索马克思主义的革命道路，比如上母瑞山保持革命的火种，就是因为错误地坚持城市中心论，接连几任琼崖特委书记都在海口被捕牺牲，这样惨痛的教训促使王文明同志率部上母瑞山开展农村包围城市的革命道路。琼崖武装斗争的特点就是实践本位，敢为人先，在实践中检验真理。

其次，斗争区域由琼东北转移到中部的五指山地区。如前所述，斗争区域向南部转移是总结前期革命失败的教训——革命发展不平衡，主要集中在琼东北部，离敌人太近，缺乏足够的迂回纵深。因此革命往海南的腹地——五指山地区扩展。建立五指山为中心的革命根据地。

最后，战术由集中迎敌的消极防御到积极主动的游击战，再到有条件的运动战，这是学习的结果。琼崖武装斗争的前期，以消极防御为主，与优势装备的敌人拼消耗。因此，两次都被敌人击败，在抗日战争期间，开展了积极主动的游击战，战术水平大幅度提高，战术指挥水平也不断提升，到了解放战争后期由游击战到有条件的运动战。反映了琼崖武装斗争有一个学习提高的过程。

第三，琼崖武装斗争的意义。首先，抗击日寇，保卫中华民族。中国共产党领导的琼崖抗日武装，在抗日战争中起到了中流砥柱的作用，牵制了日军大量的兵力，是华南抗日游击队的重要组成部分，为中华民族抗日战争的最终胜利做出了卓越的贡献。

其次，维护国家领土完整。海南革命最大的意义是琼崖地方党组织长期坚持武装斗争，在解放海南的过程中，接应大军，成功解放海南岛，维护了中国的统一和领土完整。在解放海南岛的过程中，琼崖纵队发挥了重要作用，如果没有琼纵的接应，大军渡海作战抢滩登陆势必要付出重大伤亡，甚至有可能导致战役失败。解放了海南岛本土，中国的生命线——南海就顺势回归。因此，从维护中国领土完整角度看海南革命，应当凸显其重要性。海南革命不应该是一些人所认识的那样只是中国革命的支流，是无足轻重的，而应当进行深入研究。

7. 建立健全严格的管理体系

针对导游拿回扣的现象，海南旅游主管部门加强了制度管理。《海南经济特区导游人员管理规定》由海南省第四届人民代表大会常务委员会第十九次会议于2011年1月14日通过，2011年2月1日起施行。第十八条规定，导游人员通过服务为旅游经营者宣传促销所获得的佣金，受益的旅游经营者应当通过银行结算的方式支付给委派导游人员的旅行社，不得以现金方式支付给导游人员个人，并及时入账，不得恶意串通，弄虚作假。第二十五条规定，导游人员应当按国家有关规定参加职业技能培训。旅游行政管理部门应当制订导游人员培训计划，加强对导游人员的培训，并对旅行社和导游服务公司开展导游人员培训工作的情况进行监督检查。由旅游行政管理部门组织的导游人员培训不得收费，所需经费列入财政预算。旅行社和导游服务公司应当每年组织其导游人员进行培训，时间不得少于56个小时，培训情况记入导游人员档案，并在年终将本年度开展导游人员培训情况报告旅游行政管理部门。旅行社和导游服务公司组织的培训，不得向其导游人员收费。第二十六条规定，实行导游人员等级考核评定制度。省旅游行政管理部门应当按照国家有关规定组织实施。对导游人员实行违法、违章计分制度。对在一个记分周期内超过一定分值的导游人员，暂扣导游证，并予以公示，旅行社或导游服务公司不得再委派该导游从事导游活动；该导游人员经旅游行政管理部门组织培训考核合格和教育整改后，方可重新上岗执业。具体管理办法由省旅游行政管理部门另行制定①。

---

① 见海南旅游政务网：http：//tourism. hainan. gov. cn/goverment/zhengcefagui/difang-fagui/201101/t20110124_ 2963. html。

（三）海南红色旅游开发与发展进程中的职责分配

旅游景区管理委员会是管理机构，监督旅游资源开发商和旅行社的行为，并为游客提供公共信息服务，如景区布局，哪些地方禁止何种人群的行为等，让游客在游览时有充足的选择空间。比如，西方游客不喜欢拍照和扎堆活动，更喜欢欣赏自然风景，在山谷中徒步或骑脚踏车，有一本详尽的公共服务手册，他们便能自由选择去处，轻松自如来去。旅游管理委员会的职责在于管理，对于管理是内行，其他的则是外行，故不宜越俎代庖去做本属于旅游资源开发商或旅行社职业领域范围内的事情，不然会适得其反。管理委员会可采取招标方式，以公平公开公正方式，通过层层选拔，选定优胜者即中标者。

旅游资源开发商负责景区选址、规划和布局，装修和美化，尽量凸显红色旅游主题，减少不必要的繁文缛节，使游客置身其中，对景区表达的主题有清晰的认识。旅游资源开发的实力体现为细节，有善于发现的眼睛，热爱生活的心态和艺术美感，本来毫不起眼的一块石头在开发商的装饰、雕琢或改造下，也会改头换面，完美融入红色旅游家族。旅游开发商负责景区的维护和修缮。

旅行社负责培训和选拔导游，并确保导游在从业时从事适当行为，对顾客以诚相待，杜绝任何欺骗行为。导游是旅行过程的引导者、建议者、寻路者，担任多重身份，其要求综合素质较高，并非人人胜任。依赖导游，旅行社在业界中是树立良好的口碑还是得到恶劣的印象，这将影响它们在竞标时是否会脱颖而出。

物业管理也是景区正常运转的后勤保障。景区内的水、电等基础生活资料的供应，景区内重要文物的保护，依赖于物业管理的质量和物业管理人员的职业态度。在节假日等游客密集的高峰时期，如果发生偷窃、卫生脏乱差等现象，必定会让游客们乘兴而来、败兴而归，其景区管理不善的坏名声也会不胫而走，让游客望而却步，景区必会日渐萧条。

建筑公司负责基础设施建设，如卫生间、供游客乘凉避暑、中途休息的公共桌椅等。这是系统中的一个环节，服务于整体工作的大局。建筑公司要熟悉景区的风格，琢磨游客的喜好，使建造出来的东西和环境相得益彰，又能迎合游客们的心理。习惯于钢筋水泥、高楼大厦的现代建筑公司转战旅游景区时，要用点巧心思。

广告公司对红色旅游进行营销，利用电视、报纸等现代营销手段，在游客中打出名堂。对红色旅游产品进行包装，使其既能反映中华儿女的爱国情怀，又能带有鲜明的时代气息。选择合适的广告语，雅俗共赏，不落俗套，激发游客的猎奇心理，让其感觉百闻不如一见，与其于遥远处神往，不如亲临其境一探究竟。

政府各部门要大力支持。海南目前已踏上建设国际旅游岛的征程，以此为契机，在国内外游客慕名而来时，政府要加大对红色旅游扶持的力度，把红色旅游做大做强，成为海南旅游产业的一大亮点。1963 年，在周恩来总理提议下，电影《红色娘子军》被中央芭蕾舞团改编成同名芭蕾舞剧，鲜明的人物形象以及丰富的海南岛地域风情，一推出就大受欢迎，被誉为“中国第一部表现革命题材的芭蕾舞剧”。芭蕾舞剧《红色娘子军》堪称中央芭蕾舞团镇团之宝，从首演至今，40 余年间演出已超过 2500 场，成为中国芭蕾舞史上一部具有里程碑意义的经典作品，也成为中芭自建团以来演出场次最多的芭蕾舞剧[①]。海南省委宣传部可邀请代表团进行全国甚至全球巡演，

① 杨春虹：《中国红色记忆的永恒旋律——〈红色娘子军〉让国人感受独特的海南红色精神》，载《海南日报》，2010 年 1 月 7 日。

借以打响名堂，如果在观众中引发强烈反响，可能会掀起前往红色娘子军故乡一游的热潮。各部门有公务接待时，可在接待行程名单上列上红色旅游项目，会给游客耳目一新的感觉。宣传部门还要在海南省岛民中普及爱国主义教育，普及基本历史常识，让他们理解当地历史，继往开来，沿着志士仁人和革命先烈的足迹大步前进。海南人民要把自己当成传承革命意志的新一代，以良好的精神风貌投身于国际旅游岛建设，当“岛主”，对游客笑脸相迎，诚心相待。游客有了解当地文化的愿望，当他们走上街头，和当地居民交流时，很可能会提及红色旅游的问题，对方的反应热情或冷淡，对海南革命历史熟悉或陌生，都会影响他们对红色旅游的热忱。

第四章

21世纪海上丝绸之路与海南国际旅游岛软实力建设

国际旅游岛要发展旅游，这是一个不需刻意证明的道理。国际旅游岛的软实力绝不可局限于旅游领域，超越旅游谈旅游才能使旅游业得到长远发展，才能促进国际旅游岛建设的持续发展。旅游岛的软实力来源于海南岛的文化底蕴，散见于岛民个体行为中的价值观念和精神气质，以及用法律治理海南的理念。回顾历史和继承传统，是为了更好地继往开来。国际旅游岛应汲取历史的涵养和文化的熏陶，提升审美情趣和文化品位，也应立足当下把握机遇，为软实力建设增添时代色彩。

21 世纪海上丝绸之路承载了中国继承历史和开拓未来的光荣与梦想，是关乎中华民族伟大复兴的重大课题。中国吹响了深化改革开放的号角，志愿以体系内国家和国际社会一员的身份参与全球治理。新海丝路引发了全球热议，中国上至中央下至地方都在研究该背景之下的机遇和阻力以及相关应对之策。海南被定位为“一带一路”的排头兵和主力军，在“一带一路”的建设进程中发挥着重要作用。海南应抓住 21 世纪海上丝绸之路建设的机遇，认清自身优势，积极作为，发扬合作精神，传播中华民族传统文化中的利他主义精神和人本关怀意识，为提升海南国际旅游岛建设进程中的软实力做出积极贡献。

第一节 21世纪海上丝绸之路有利于提升中国软实力

21世纪海上丝绸之路符合中国的国家身份和国家利益，传播了中国的价值观念。它有利于提升中国在国际社会中的形象，实现世界和谐的局面，把中国和世界人民的心连接在一起。

一、21世纪海上丝绸之路符合中国的国家身份和利益

国家是有身份的，且有多重身份。从团体身份上来看，中国是主权国家，有保持稳定、捍卫主权和发展经济以提升人民福祉的功能和义务，这是相对于个人的个体身份而言的。从角色身份上来看，中国传统上重视和发展中国家及周边国家乃至于世界各国发展友好关系，提倡“天下为公、世界大同、和谐世界”的理念，注重礼仪，求同存异。从类属身份上看，自2001年加入WTO以来，中国以体系内国家的姿态融入国际体系，参与国际社会的治理，认同国际社会的现行游戏规则，诸如政治上的民主制度，经济层面的市场经济规则，以及安全领域的不诉诸武力等。从集体身份上看，中国认可国家间共同利益的存在，20世纪提出平等、互利、合作、共赢的新安全观，习总书记多次强调要建构合作共赢的新型大国关系，2015年博鳌亚洲论坛的主题是“亚洲新未来，迈向命运共同体”。

身份决定利益，利益决定国家行为，国家先知道“我是谁”，才知道“我需要什么”。理性的国家将选择有利于实现国家利益的行为。中国对自我身份的定位有和其他国家一致的

方面即体现了共性，也有自身特色即体现了个性，共性是主权国家的物质属性所决定的，个性则是由国家置身的文化传统决定的。共性和个性都是一个国家的内在属性。人们习惯对特定的行为进行归因，当将某种行为归为相关行为体的内在属性时，这个行为体的声誉就形成了。例如，将唐朝文化繁荣盛世和对外交流盛况归因为唐朝制度的开明和经济的繁荣，唐朝良好的声誉就形成了。按照理性主义分析方法的思维逻辑，根据前述中国国家身份的分析，中国的利益在于发展经济以惠及民众，巩固政权稳定，发展睦邻友好关系，保持周边环境的稳定，以体系内国家的面貌参与体系内治理，并逐步提升参与全球治理的能力，在发展对外关系中推进共同体建设。

21 世纪海上丝绸之路的提倡符合中国的国家利益。首先，有利于中国发展对外贸易和经济。海上丝绸之路繁盛于唐朝，促进了唐宋与阿拉伯国家之间的贸易往来和人文交流，而由此带来的竞争激发了创新意识并最终促进了各国文明的共同繁荣。元朝时大批阿拉伯人和波斯人在中国定居，对回学的研究盛极一时，民族融合与交流体现在社会生活的方方面面，丰富了中华文化的宝库。21 世纪海上丝绸之路的提出，将唤醒沉睡的古代海上丝绸之路，使丝路沿途国家发挥各自比较优势参与国际竞争和进行国际合作。2013 年 10 月，习近平总书记在印度尼西亚提出建立 21 世纪海上丝绸之路，李克强总理同年提出将中国—东盟之间的关系由过去的黄金 10 年升级为未来的钻石 10 年，2014 年再度提出升级 2010 年业已建成的中国—东盟自由贸易区，都表明对外贸易对于中国经济发展的重要性。

其次，21 世纪海上丝绸之路有利于中国发展稳定的周边关系，巩固和发展中国家的传统友谊。中国积极参与东盟倡议的国际机制，例如专门讨论亚太地区安全事务的东盟地区论坛，并尊重强调舒适度和低水平制度化的东盟方式，积极参与东亚峰会和“10+1”“10+3”机制，2003年和东盟发表面向和平与繁荣的战略伙伴关系宣言，李克强总理2013年建议双方签订睦邻友好合作协定，推动双方发展战略互信关系。新海上丝绸之路的内含元素之一是政策沟通，通过官方层面的对话，国家能彼此传递善意和诚信，使合作在问题领域之间不断外溢，使中国和东盟国家之间的关系超越功利性的战略互信达到稳定化的情绪性互信情境。新海丝路对于改善中国与西亚和南亚国家之间的关系具有同样的功效。

再次，新海上丝绸之路有利于增进国际社会对中国体系内国家身份的认同。自从2001年加入WTO以来，中国正式开启融入国际社会的进程，不断完善市场经济体制改革，革除一切束缚资本和生产要素等方面存在的不利于释放市场活力的因素。中国对自我身份的界定是体系内国家，认同国际体系规范和具体的游戏规则，将之视为适当的，而非简单地视之为功利性的实用工具。而从20世纪90年代兴起的“中国威胁论”一直存有市场，中国海洋维权的正当举措也让某些国家质疑中国和平崛起与和平发展战略构想背后的真实意图。国际体系是国家互动的产物，国际体系发展到国家形成和遵循规范的阶段产生了国际社会，而对这些规范持有正向认同的国家被视为体系内国家，反之则被视为游离型或革命型国家。新海上丝绸之路涉及海上贸易、水陆联运、港口互动和设施互通，国家在这些领域的行为都有国际法律和法规进行规范和引导，中国在其中如何作为也成为考验中国是否遵循国际规范和规则的试金石，中国在这个进程中表现出的诚信将推动其融入国际社会的进程。

最后，新海上丝绸之路将有助于中国实现共同体的远景。美国建构主义学派学者亚历山大·温特认为，集体身份的四大要素是同质性，相互依存，共同命运和自我约束。21世纪海上丝绸之路将推动相关国家在体系内共同发展，增进它们之间的相互依存程度，让它们携手应对共同的挑战与威胁，比如海盗行为和环境恶化现象，同时促使自我约束成为共同观念从而保证个体利益不会被整体利益所湮没，这都符合中国提倡“亚洲命运共同体”的远景。

二、21 世纪海上丝绸之路传播了中国的价值观念

21 世纪海上丝绸之路是习总书记于 2013 年访问印度尼西亚的时候提出的，其构成要素是政策沟通、民心相通、设施联通、贸易畅通、资金融通。美国詹姆斯敦基金会认为 21 世纪海上丝绸之路反映了中国当代领导人高举改革开放旗帜的决心。21 世纪海上丝绸之路体现了自由开放、平等包容和合作共赢的海洋文化，具体分析如下。

（一）体现了自由开放的海洋文化

有“现代国际法之父”美誉的格劳秀斯认为，“无主物只有在那些最先发现它们的人长时间占有之后才能成为他们的私有财产”，以及“自然赋予人类的对那些物品的共同使用权应该保留下来”[①]。他还认为，海洋是共有物，任何国家不得对其拥有主权。海洋是没有边界的，不能以任何方式被圈占，海岸并非海洋的边界，把浩瀚宇宙作为一个整体，海洋在奔腾汹涌中将海岸包围起来，而非像红酒被至于容器之中那般被海岸圈占起来[②]。他认为，海洋的流动是没有边界的，流动的事物不

① Hugo Grotius, The Free Sea, Edited by David Armitage, Liberty Fund, Inc., 2004, pp. 21 – 22.

② 计秋枫：《格劳秀斯〈海洋自由论〉与 17 世纪初关于海洋法律地位的争论》，载《史学月刊》，2013 年第 10 期，第 104 页。

能通过被圈占的方式成为私有物，因此海洋不能成为私有财产。所谓的时效是针对私有物而言的，对于海洋、空气和流动的水这样的共有物是不适用的。海洋航行和海上渔业活动是利用海洋资源的两种基本形式，这两项自由对所有国家和人民都是开放的。

海上航行自由是任何国家享有的自由，即使在某个领海之中，任何国家不管是沿海国还是内陆国都享有无害通过的权利。除非军舰违反了沿海国关于无害通过的法律法规且无视该国要求遵守这些法律法规的事实，军舰方可被要求立即离开该领海，除此之外，外国军舰在其他国家领海上的豁免权不得被破坏。海上航行是所有国家在某专属经济区和公海上享有的自由。内陆国虽然没有自己的海岸，但享有在过境国的领土上过境通行的权利，以实现其进出海洋的自由。所有国家在用于国际航行的海峡享有不间断的过境通过或无害通过的权利，在群岛水域享有无害通过的权利。

21 世纪海上丝绸之路没有设立门槛，亚洲基础设施投资银行的意向成员国和其他国家都可共享港口的基础设施，享有自行选择在这些设施进行停靠与否的自由。用统一标准建立起来的港口设施对所有国家开放，不参与亚投行建设的国家也可享受这项福祉。这和中国文化中体现的“天下为公、世界大同”的理念是一致的，也和现代海洋法和古罗马精神中体现的海洋自由谨慎是一致的。

（二）体现了平等包容的海洋文化

康德认为，人性是不完善的，包含兽性和理性两个方面，人不缺乏理性，只是缺乏掌握理性的勇气，启蒙运动的功效在于人的理性克服了兽性，人类社会发展的趋势是政治和道德走向统一，而道德根本内涵和唯一来源是承认和尊重人的权利。

康德的思想体系包含了深沉的人本主义关怀，人在行使自己权利的同时应该尊重其他人的权利，避免将他人作为实现自己目标的手段。国家是自然状态向法治状态的进步，国家的作用是保障其成员权利的神圣不可侵犯性，保证每个人在不损害他人权利的条件下自由行动的自身权利，法律是保障公民自由的基本条件。

新海上丝绸之路倡议体现了平等包容的海洋文化，它要求所有国家平等地享有海上航行的权利或自由，也平等地服从于相关国家管辖权的约束。外国船舶在某领海内行使无害通过的权利时应服从该沿海国相关法律法规的规定，在某专属经济区行使航行自由的权利时应尊重该沿海国的权利和义务，在某用于国际航行的海峡内行使无害通过或过境通过权利时应尊重该海峡沿岸国相关法律法规的规定。当外国船舶在某国领海或专属经济区违反了防治海洋环境污染的国际法律法规时，该船舶停靠的港口国和其船旗国以及沿海国对这种违法违规行为都具有管辖权。[①] 在公海上，任何国家的军舰或军用船舶均有权抓捕海盗船，抓捕被海盗攫取和控制的船舶和缴获船上的人及财物。

中国倡导21世纪海上丝绸之路，和中国提倡的互信、互利、平等、协作的新安全观理念是一致的。中国致力于建立的是各国平等相待、没有任何一个国家可以凌驾于其他国家之上的国际社会。

（三）体现了合作共赢的海洋文化

新海上丝绸之路充满了合作共赢的精神，它倡导成员国之

① Paul Stephen Dempsey, "Compliance and Enforcement in International Law-Oil Pollution of the Marine Environment by Ocean Vessles", Northwest Journal of International Law and Business, Vol. 6, 1984, pp. 459 - 561.

间在一系列海洋事务中进行合作，尤其规定成员国在特定海洋事务中的合作是他们应该履行的一种义务，通过合作实现和维持海洋秩序，最终实现自由这一人类社会追求的终极价值。

为防治海洋环境污染，各国应该协调彼此国内相关立法，并制定地区性和全球性规则和标准。在最终和全面解决海洋划界问题之前，相关国家应制定实际可行的过渡性安排，并在过渡期间内避免采取单边行为以妨碍最终安排的达成。闭海或半闭海沿岸国家应该在勘探、开发、管理、养护这些海域内生物资源，保护和维持海洋环境，海洋科学研究等事务上进行合作。

国际社会围绕一些海洋事务开展了合作尝试。联合国环境署曾主持“防止泰国湾和南海海域环境恶化”和“东亚海域行动计划”两个项目，树立了政治决策层和科研建议层互相分离的实践范例，得出东亚海域环境污染的根源在于油气泄露的结论。日本倡议签订了《亚洲打击海盗和武装抢劫船只的地区合作协定》，将武装抢劫船只定义为下列行为中的任何一种：（1）在国家具有管辖权的地方发生的，由私人船舶上的船员或乘客为了私人目的实施的针对其他船舶、船舶上的人员或财物进行的非法暴力或扣押以及任何形式的劫掠行为；（2）明知其为武装抢劫船只仍自愿参与其中的任何行为；（3）教唆或为以上两种行为提供便利的任何行为。该协定倡导建立信息共享中心，由成员国建立专门职能机构和该中心保持联系，并规定成员国在引渡犯有海盗或武装抢劫船只罪行的人员，以及对这些罪行进行举证方面进行合作。这个协定弥补了国际海洋法关于“海盗行为”的定义，该定义规定海盗行为是发生在公海或没有任何国家管辖地方上的行为[①]，对打击诸如马六甲海峡上发

① The Law of the Sea. United Nations Convention on the Law of the Sea, UN Publication, Sales No. E. 83. V. 5, pp. 60 – 61.

生的武装抢劫船只行为进行了尝试。

各国互通声气、保持协商是21世纪海上丝绸之路的应有之义。相关国家应建立联通协调机制，使各国海关、交通运输部门、检验检疫部门建立及保持合作，还应通过谈判达成协定对亚投行投资比例、资金流向、建设进度等问题进行规定。习总书记将新型大国关系定义为不冲突、不对抗以及合作共赢，新海上丝绸之路的倡议符合中国非零和博弈的理念。

第二节 21世纪海上丝绸之路的阻力及中国作为

21世纪海上丝绸之路符合中国国家利益，是中国融入国际体系的积极表态，为中国人民带来了福祉，也为相关省份带来了新的发展机遇。一个新事物诞生后有一个成长发展的历程，不会一蹴而就也不会一帆风顺。面对21世纪海上丝绸之路的国家战略，不管是国内学术界还是国外的研究机构都会有相应的研究及提出相应的思考。

一、关于公共产品、公共财产和共有物的思考

公共产品是被共同生产出来且供生产方消费即使用的产品，其生产方是有边界的，因而其本身被局限在一个范围之内。公共财产指所有权属于一个群体共同所有，该群体从中提取资源为己所用的事物。二者的区别在于，使用者对前者的使用不会影响他者的同样权利，公共产品本身不会遭受损耗，而使用者对后者的使用则会影响他者的同样权利，也会使公共财产遭受损耗。举两个例子说明二者的差别。天气预报是公共产

品，甲方和乙方都可享受这一产品，并非甲方对这一产品的消费影响乙方消费同一产品的数量或质量。一块社区的草坪属于社区居民共同所有，甲方放牧的牛羊吃掉的青草可被视为从这块草坪中提取的资源，会影响到乙方放牧的牛羊吃草的数量。总而言之，公共产品和公共财产的使用者被局限在一定的范围之内，这个范围是有边界的。

17 世纪的荷兰法学家格劳秀斯曾提出海洋自由论，认为海洋是共有物，因而海洋是自由的，其使用者是没有边界限制的。海洋和空气一样，其自然特性是无边无界以及来源无穷无尽，自然法即人类社会出现之前就业已存在的法律赋予的海洋的这般特性决定其共有物的属性。海洋不能被哪一个国家单独占有，虽然某一国家可以占有海洋的一部分，但是这一部分仍然可以被其他国家使用。

21 世纪海上丝绸之路的一个重要元素是设施互通，且用统一标准加强相关国家的基础设施建设。互联互通起来的设施分别属于对其拥有所有权的国家，但使用者是没有边界限制的，参与这条丝路建设的国家和其他国家对其都有使用的权利。《联合国海洋法公约》的精神在于海洋自由，所有国家都有进入海洋的自由而且这种自由应该得到法律的保障。沿海国可以为其他国家的船舶进入本国港口设置条件，但这种条件是非歧视性的，且不能在法律上或事实上对外国船舶在本领海之内的无害通过权构成破坏。从使用者有无边界限制之分来看，设施的互联互通既不是公共产品也不是公共财产。从所有权这个层面上讲，它也不是共有物，因为海洋作为一个整体属于全人类共同所有，而设施本身和互联互通起来的设施都不能被这样定位。

这就引发出一点思考，既然设施互通带有利他性和非排他性的色彩，参与其建设的相关国家便有可能对其他国家产生排斥的情绪，担心其搭便车①。中国外交战略布局把大国外交放在关键位置，将周边外交放在首要位置，将对发展中国家的外交作为基础，并强调和发展中国家发展关系要树立正确的义利观，要多予少取，先予后取。中国文化因子中含有利他性的成分，比如孔子所言“老吾老以及人之老，幼吾幼以及人之幼”就包含着这样的道理，但是如何跨越文化的边界动员其他处于不同发展阶段的国家接受同样的理念就是一个值得思考的问题。

二、美国、日本的影响

美国的学界对决策层提供了强大的智力支持。冷战结束之后，亨廷顿提出文明冲突论，认为意识形态之间的冲突已让位于文明之间的冲突，以中国向叙利亚和伊朗出口武器以及中国和阿拉伯国家在人权问题上的一致立场为例，得出中国为代表的儒家文明和阿拉伯世界为代表的伊斯兰文明将联合应对西方基督教文明的结论。进攻性现实主义学派代表人物米尔斯海默认为，每个国家都企图当世界的霸主，但碍于宽广水域的阻隔无法透过宽广的水域投放力量，只能充当地区性霸主，但时刻防备着其他地区性霸主的崛起，美国因此关注亚洲地区未来霸主人选。鉴于中国实力上升迅速和“真实意图”不明朗，米尔斯海默认为美国应该对中国采取防范战略，中美两国因此必有一战。权力转移理论认为，国际体系内权力的分布呈现出金字塔状态，霸权国是拥有最高权力的国家，是国际秩序的建立者和护持者，而主导国在权力上不足以与之比肩，即使他们对国际秩序心存不满也只能等待权力结构变化带来的转机。主导国

① 本观点已经公开发表，参见李洁宇：《21 世纪海上丝绸之路面临的问题及解决路径》，载《中国党政干部论坛》，2016 年第 7 期，第 50 页。

权力上升和其对国际秩序的不满意导致其不惜对霸权国发动一场战争，按照自己的意愿重建国际秩序。美国文化中有二分法思维，基督教传统是其文化的根基，基督耶稣广施善行对民众进行教化让其步入教徒行列本身就体现着二分法意识，习惯对手存在的美国在美苏冷战结束之后仍然要为自己找出一个对手，小布什在“9·11”事件后以是否反恐作为敌友标准体现了这种二分法。美国詹姆斯敦基金会认为21世纪海上丝绸之路是对美国TPP倡议的替代性选择，其实就暗含着对中国“挑战”美国霸权的忧虑。

日本是美国的忠实盟友，将自己定义为西方一员。日本从中东进口的石油均须经过南海、马六甲海峡进入本土，而这两个水域是21世纪海上丝绸之路的必经之地，其认为如果中国对国际海上航线通畅和国际航行安全造成“破坏”，对日本的经济而言是灾难性的打击。中国和日本存在钓鱼岛主权归属争端和周围海域权利争端，日本无视双方达成的历史性共识将钓鱼岛“国有化”的事实导致两国关系一度滑至最低谷。2014年亚太经合组织领导人非正式会议召开前夕双方达成4点原则共识，但日本并未直接承认双方历史上曾达成“搁置争端、共同开发”的共识，也就是说日本并未改变钓鱼岛“国有化”之后的官方表态，两国关系没有打破真正的坚冰。

三、中国应有作为

美国对中国采取防范战略的原因无外乎实力和意图两个因素。中国超越日本成为世界第二大经济体，中国军费支出增长，中国表态走和平发展道路但其采取异于西方民主制度的政治体制，且在西方国家看来中国国防政策不够“透明”，让有些国家质疑中国和平发展外交战略之下的“真实意图”。

中国在建设21世纪海上丝绸之路的进程中应注意做到以下几点。

（一）强调对国际体系主流规则的支持

中国应在国际关系的竞争中掌控话语权，熟练运用自己的话语体系解释当今世界发生的现象。权力的互动关系不仅有一种逻辑，权力转移指主导国挑战霸权国制定的国际秩序和游戏规则，冲突是国际关系理论现实主义学派的逻辑。中国可以从新自由主义的逻辑出发，强调国家间关系的非零和博弈，用权力共享而非权力转移的理论描绘国家互动[①]。权力共享的假定是国家间存在共同利益，需要运用合力去解决这些共同利益，理性的国家行为体能管控冲突和发展合作，核心假设是国家将不同的权力资源整合起来，实现单独权力机械叠加无法发挥的功能，在不同的问题领域实现权力共享[②]。

除了诠释好权力共享的理念，中国还应学会用西方的语言解释中国的现象。欧盟从欧洲共同体发展起来，建构主义学派代表人物亚历山大·温特解释了共同体的4个构成要素，中国支持建立东亚共同体，后支持建立亚洲共同体，这一源于西方的概念将有利于中国的声音更好地被西方世界听懂和接受，减少中国深度融入国际社会的阻力。温特所言的同质性据其自己解释指政权性质的一致性或相似性，对国际社会现行规范的认同也可以作为同质性的标准，中国不会因为政治体制不同而和国际社会其他成员无法形成共同体。

---

① 关于权力转移和权力共享的区别，参见李洁宇：《从权力转移到权力共享——新兴体系内国家的理性选择》，载《山东师范大学学报（人文社会科学版）》，2011年第6期，第81—83页。

② 本观点已经公开发表，参见李洁宇：《从权力转移到权力共享——新兴体系内国家的理性选择》，载《山东师范大学学报（人文社会科学版）》，2011年第6期，第81—83页。

应强调中国支持国际体系主流规则的姿态，使形形色色的“中国威胁论”和“中国实现对美国的权力转移”论调不攻自破。2015 年博鳌亚洲论坛的主题是“迈向新未来：实现命运共同体”，体现了中国对国际体系主流规则即政治领域的民主和法治规则与经济领域的市场经济规则的认同。中国应强调国际关系的非零和博弈特征，强调绝对收益比相对收益更重要，推动规范引导的国际合作。

（二）推进 21 世纪海上丝绸之路中的制度化建设尤其是法律制度的建设

国际制度分为三种类型，分别是有着明确规则和章程的正式政府间国际组织，经协商和谈判达成一致的国际机制，以及国际惯例。操作性强的制度的必备要素是规则，表现为禁止或允许某些行为的具体规定，不然制度将难以运转。东亚的文化价值体现为人情、关系和面子，以进程为导向，而非以结果为导向，重协商而轻协定，协商旨在保持关系网络的连续性，协定则是谈判之后的结果。东亚的国际组织，例如东盟及东盟地区论坛体现了东亚文化关系网络的核心特征。而契约论则起源于西方，法律是典型的制度，其核心特征是规则。2015 年 12 月 25 日《亚洲基础设施投资银行协定》生效，亚投行正式成立，这是中国倡导创建的国际制度，意味着中国朝向深度参与国际事务迈出了重要一步。但《协定》并未规定基金流向的监管以及违规行为应受到什么样的惩罚，某种程度上其约束力需要进一步加强，法律特性需要进一步强化[①]。

---

① 本观点已经公开发表，参见李洁宇：《21 世纪海上丝绸之路面临的问题及解决路径》，载《中国党政干部论坛》，2016 年第 7 期，第 50 页。

第三节 21 世纪海上丝绸之路对提升海南国际旅游岛软实力的契机

21 世纪海上丝绸之路带来了新的机遇，也引发了新的思考。在机遇和问题面前，中央政府在国家层面上有所作为，海南也应该切合自身实际，找出一条符合中央发展战略和立足本省省情的发展道路，抢抓机遇，提升国际旅游岛建设进程中的软实力。

一、规划先行

海南省应该落实 2012 年被国务院批复的《海南省海洋功能区划》并据此制定海洋功能规划。应编制《南海管辖海域资源开发和服务基地建设方案》，重点针对渔民的权益保障进行设计。应编制《南海管辖海域海上旅游开发方案》，将开发与保护并举，预防开发海上旅游项目而破坏海洋生态环境的短视行为，应编制《南海无居民岛屿开发利用方案》，加强对无居民岛屿特别是周边海域资源的开发与保护，规范执行公务人员驻岛程序，强化对这些岛屿的行政管辖。[①]

二、科学立法

海南省第七次党代会报告明确海南今后五年的九大任务之一是“大力发展海洋经济，建设海洋强省”。相比省第六次党

① 本观点已经公开发表，参见李洁宇：《21 世纪海上丝绸之路面临的问题及解决路径》，载《中国党政干部论坛》，2016 年第 7 期，第 51 页。

代会报告，“建设海洋强省”是新写进去的一句话，意为海南发展海洋经济的步伐更加坚定。为了助力海南整体经济发展，海南省应为发展海洋经济立法。①

（一）海南省为发展海洋经济立法的必要性

国家虽已制定海洋强国战略，但在国家层面没有专门为发展海洋经济立法，说明海洋经济并非在全国或全省都具有代表性。

海南省有两部海洋经济发展规划，分别是2008年《海南省海洋经济发展规划》和《海南省“十二五”海洋经济发展规划》，但是并没有为发展海洋经济立法。

海南省有为发展海洋经济立法的必要。其管辖海域是中国在南海具有管辖权的海域，这一点充分说明了海南省发展海洋经济和为此立法的必要性。

海洋经济是新兴领域，海洋事务的处理与海域的管辖不同于陆地，不能将传统陆地管辖的思维生搬硬套于海洋。海洋、渔业、港口行政主管部门，都应树立起海洋治理的规范理念。法律的本质是规则，为发展海洋经济立法，能保障海洋经济在法治的轨道上发展。

海洋资源开发不法行为破坏了海洋生态环境，尤其破坏了濒危物种栖息的脆弱和稀有环境，通过制定海洋经济发展法律，设置破坏海洋生态环境的红线，规定明确的惩罚机制，迫在眉睫。

海南省为发展海洋经济立法，具有重要意义，等于发出了明确的信号——海南有能力治理好海洋。科学立法，才能严格执法。海南省依法管辖海洋经济的发展，是为中国增强南海海

① 本观点已经公开发表，参见李洁宇：《21世纪海上丝绸之路面临的问题及解决路径》，载《中国党政干部论坛》，2016年第7期，第51页。

域权利诉求的合法性做贡献。

（二）海南省为发展海洋经济立法的可行性

拥有最大面积管辖海域，是海南省的独特优势，同时，海南地处祖国南疆，位于南海争端的前沿地带。在中国实现既定“海洋强国”战略的征途中，海南的重要性不言而喻。海南发展海洋经济是“海洋强国”战略和“海洋强省”目标的应有之义，也是中国治理海洋能力的最佳体现。国家层面期待海南省融入国家海洋事业发展的大局，愿意提供其优惠政策。海南省应用立法形式助力海洋经济发展，打响海洋治理的品牌，正所谓“有为有位”，海南自身强大了，才能争取国家更大的支持。

2017 年海南省政府工作报告继续将发展海洋经济作为重点。在国家层面，21 世纪海上丝绸之路于 2013 年成为国家战略，相关细则将陆续浮出水面，南海海域航线是丝路必经之地和国际贸易的载体。海南省发展海洋经济面临良机。

海南省发展海洋经济有很大的空间，也面临很大掣肘。海南省掌握渔业管辖自主权的海域局限于近海海域，海南省有摆脱束缚，发挥更大作用的意愿，发展海洋经济立法迎合了这一意愿。

（三）海南省应为发展海洋经济立法寻找发力点

和省第六次党代会报告相比，省第七次党代会报告对于海洋产业的布局更加合理，规划更加科学。海洋立法应将省第七次党代会报告明确的今后五年海洋产业发展壮大的具体措施纳入立法，将发展海洋经济的原则、重点产业、规划等以法律形式确定下来，分析海洋经济发展规划的基础依据，强调发展海洋经济与建设和谐社会，保卫国家海洋主权、国防安全的关系。具体措施建议如下：

对于岛屿经济给予信贷方面的激励，对于岛屿地区的基础设施发展、后勤补给等给予投资方面优惠待遇。将油气、矿物和其他海洋资源的调查、测量与开发，海上旅游，航海运动和岛屿经济，渔业资源的养殖、开发和加工等作为重点发展的海洋经济产业。规范海上运输产业以及与船舶和其他海上运输工具的建造、维修相关产业的发展，为海上贸易提供设备保障。

让油气公司在海南进行炼油加工，缴纳税款。对油气公司开发油气资源的环境防治工作进行管理和监督，查处违规操作引发的海洋环境污染事故。

从第六次党代会报告的“扶持提升壮大海洋渔业”到第七次党代会报告的“加快海洋渔业转型升级，控制近海捕捞养殖，发展外海捕捞，推广深海网箱养殖，建设海洋牧场，促进水产品精深加工”，不难看出，海南在发展海洋渔业产业时越来越能秉持清醒的态度，着眼近海渔业资源日趋枯竭的现实，在开发中注重保护，由近及远，重点在于近海渔业的管理和控制，逐步推开，尝试外海和深海开发的模式。这就要求海洋渔业厅的执法功能更为严格和规范。除此之外，渔业执法部门还应树立服务意识。对管辖海域包括外海、远洋的捕捞渔业生产进行监督，保障其在颁发的捕捞许可证所规定的海域、用规定的方式、对批准的鱼种和数量进行捕捞。将组织大规模远洋渔业生产活动的能力和对渔民进行渔业法律法规培训的效果作为海洋渔业厅绩效的考核指标。针对渔民远洋捕鱼人身和财产损失制定保险制度。关于渔业活动，《中华人民共和国渔业法》规定：中华人民共和国内海、领海、专属经济区和其他管辖海域的捕捞限额总量由国务院渔业行政主管部门确定，国家确定的重要江河、湖泊的捕捞限额总量由有关省、自治区和直辖市人民政府确定或协商确定。近海通常指距海岸24海里的海域，从当前国家法律规定来看，海南省海域管辖权明显没有落实，海南省应积极主动在渔业资源开发管辖权上有所作为，以争取国家层面在立法中对海南渔业开发管辖权利有更大的授权。

省第七次党代会报告明确提出“开发海洋旅游和建好国家海洋公园”的具体任务，回顾《海南省“十二五”海洋经济发展规划》中“建成国家海洋公园”的提法，而今，海南不仅展现出建设海洋公园的意愿，还展现出付诸切实行动的决心，不单纯满足于建成，还要致力于建好。海洋旅游已然是海南着力打造的一张牌。海洋立法应单列海洋文化产业领域，改变将其作为海洋旅游产业分支行业的现象，以文化产业带动旅游产业，加强对西沙群岛的考古研究，建立中国远古居民在当地进行生产生活的博物馆。海洋渔业厅、环境保护厅和文体厅以西沙群岛和附近海域、相关海域为单位申报国家级海洋公园，由省政府批复后，报国家海洋局审批。

第七次党代会报告中把“生态宜居”作为奋斗目标，重视生态保护的意识随处可见，在部署发展海洋经济的主要任务时，强调加强海洋生态环境保护立法。立法不仅要完善对各种类别污染防治工作的管理和监督，强调违反环境保护法律法规行为承担的责任，更应强调环境执法部门的职能分工。首先，规定全面防治污染的各种措施，改变《海南省海洋环境保护规定》① 忽略来自大气层或通过大气层的海洋污染的现象。其次，明确海洋渔业厅和环境保护厅在海洋环境污染防治管理工作中的合作义务及相应分工，前者负责海洋工程、海域使用、海洋开发活动导致污染的治理，后者负责岛屿和岩礁的环境保护和治理、海岸工程和陆源污染物导致污染的防治。改变《海南省海洋环境保护规定》忽略环境保护部门岛屿环境保护责任的现

① 《海南省海洋环境保护规定》，载 http：//www.hainan.gov.cn/data/law/2008/08/1160/，访问日期2017年7月7日。

象。改变目前海南省海洋立法只强调环境保护部门管理陆源污染的防治工作，而忽略管理岛屿和岩礁环境保护工作的现象。

海洋立法还应注重其他职能部门在发展海洋经济中的功能以及相关部门的互相配合。

规范海洋基础设施的标准化建设，建立全国海洋基础设施标准大数据库。交通厅拟定 21 世纪海上丝绸之路沿途港口的建设标准，报省政府批准后由交通部审批。

规范海洋管辖执法程序，打破执法部门职责重叠和资源浪费的现象。加强海洋渔业厅、环境保护厅、海事局在海洋执法中的配合。

整合省内海洋研究中心的力量，由人力资源和社会保障厅牵头建立海洋人力资源储备库。确立省委、省政府遴选直接联系促海洋经济发展重点专家的程序。

（四）发展海洋文化产业

拥有上述丰富的海洋资源，这对于三沙经济又快又好发展具有重要意义，但海南并非海洋经济强省，也非海洋文化强省，从来没有一个国际性或全国性的海洋文化论坛在此召开，号称中国第一海洋大省的海南也没有设立海洋文化网站。海南错失了 1988 年建省办特区的第一次发展机遇，在迎来建设国际旅游岛的第二次发展机遇时，海南才正式把海洋经济纳入经济发展规划。起步晚、起点低是当前海南海洋文化面临的最大实际问题。从海洋文化研究现状来看，中国山东、福建、广东等地的海洋文化研究力度很大。浙江有浙江海洋学院，广东有湛江海洋大学，福建有厦门大学，山东有中国海洋大学，通过现状调研和学理研究为这些地区的海洋文化提供了有力的政策支持。而海南大学虽有一个从水产系演变而来的海洋学院，但研究领域比较单一，难以对海南海洋文化的发展提供强有力的支持。

2008 年的省海洋经济发展规划详列了几个重点发展的产业，2012 年批复的省海洋经济发展规划凸显旅游业和油气化工业的地位，二者对于海洋文化产业的发展明显重视不够，第二个规划甚至有把海洋文化产业归类为旅游产业的倾向。在 21 世纪海上丝绸之路背景下，海南省发展海洋文化产业大有可为。以南海为中心的海上“丝绸之路”，一度呈现出海上文化交流的繁荣兴盛景象。海南岛与南海诸岛，特别是西沙群岛，就处于这条海上“丝绸之路”的主航道要冲之处。海南可以复制唐末宋初时期古代海上丝绸之路的繁荣情景，发展海洋文化产业。

西沙旅游已经开通。西沙旅游应和海南海洋强省理念融为一体，和生态立省理念以及“欲开发、先保护”的理念融为一体，在这一点上，可以借鉴台湾地区将东沙群岛建设为国际海洋公园的做法。三沙应开发旅游资源，开发新的旅游产品，如滨海游、潜艇游等，注重对永兴岛海岛资源的保护，让登岛游客感受原生态海岛文化，打响西沙旅游的品牌。在旅游资源开发方面，以西沙群岛和附近海域、相关海域为单位申报国家级海洋公园，强调其海洋生态景观和历史文化遗迹的独特性、重大历史文化价值、保护开发的合理性等等，凸显海南省海域管辖的实效和成绩，打造品牌效应。

在开发渔业资源的过程中，海南省应加强对渔民在法律法规方面的培训。

（五）打响三沙牌，发挥其海洋行政和司法管辖以及维权功能

完善和创新三沙市行政管理机制，建立环境保护局、海洋局、渔业局、林业局、建设局、港务局。

环境保护局和海洋局应联合制定环境保护规划，海洋保护区和特别保护区以及珊瑚礁自然保护区和特别保护区选址方案。联合制定加强海洋生态环境基础能力建设、推进海洋生态文明建设、保护和修复典型生态系统的方案。

渔业局负责完善渔业环境和保障渔航过程安全，查处渔业污染事故，协助农业部渔业局确定南海海域捕捞限额总量和发放近海水域大型拖网、围网水域及外海海域的捕捞许可证，参与省渔业行政主管机关对海南管辖海域渔业生产的监督管理，定期组织大规模远洋渔业活动。转变单纯管理者思维，应培养服务思维。进一步依法规范渔民、渔船渔业生产资格证书审批程序，完善海上监测机制跟踪渔民海上作业动态，对渔民进行技术和法律法规培训，针对渔民外海捕鱼人身和财产安全制定保险制度。

林业局负责林业环境的总体治理尤其是珍贵树种包括红树林的保护。

建设局做好基础公共设施建设和修缮，审批和管理居民住房开发，彰显三沙市的行政管辖能力。

港务局应规范丝绸之路沿途港口地区的治安管理，增大港口停靠船舶和吨位容量。和越南、菲律宾沿海城市建立友好城市，统一港口建设和管理标准，进行港口治安联合巡逻。

三沙市应在永兴岛建立海洋产业和海洋文化研究中心，发挥特色优势为海洋产业和海洋文化发展提供智力支持。

三沙市还应致力于保障海上交通安全。和海事部门接洽，在南沙海域航线设置，观测台、灯塔等设施的建立，船舶污染治理等方面提供调研支持。

三沙市应注重落实海洋司法管辖权，特别是针对海洋污染治理、保护濒危海洋动植物、海上走私等行为落实司法管辖，尤其针对外国渔船的侵渔行为、非法科学研究、破坏海洋环境等行为进行司法管辖。

（六）海南应为新丝路建设提建议

海南省外办应积极利用博鳌亚洲论坛平台，发放关于海南海洋治理理念和实践的宣传册。倡议开设海洋特色论坛，邀请国内外名人为海南发展传经送宝。

以丝路建设排头兵和主力军的身份，代表海南致函外交部提出方案，倡议丝绸之路创始成员国建立丝路发展协调会。协调当事国环境保护法律法规，沟通海上安全、交通秩序法律法规。建立海上污染损害赔偿基金。公布当事国海洋环境科学研究成果、海洋监测设备和装置以及海洋污染事故防备和反应设施。促进海洋环境科学研究和开发方面的合作。组织开展旨在提升当事国海上安全、交通秩序、海洋污染防备和反应能力的培训、经验交流、咨询。

第五章

国际旅游岛软实力建设中“人”的力量

建设国际旅游岛是一个系统的工程，牵一发而动全身，工作需要做到细处。在网络发达、交通便利、资讯快捷的时代背景下，必须动员一切可以动员的力量，凝聚思想共识，形成合力行动，推进一项共同事业的开展。关于动员一切力量提升国际旅游岛建设进程中的软实力这个问题，既要有理论依据，也要有具体做法。

第一节　动员一切力量的理论依据

全域旅游概念和统战理论是团结人的力量的两大理论依据。海南开展全域旅游具有天时、地利、人和的条件，应注意把握理论联系实际的原则，坚持实践以理论为指导，在实践中不断深化理论。统战理论指有中国特色的马克思主义统战理论。

一、全域旅游概念

国家旅游局李金早局长在《人民日报》上发表的《全域旅游的价值和途径》一文，对“全域旅游发展总体战略”实质的说明是：“全域旅游是指在一定区域内，以旅游业为优势产业，通过对区域内经济社会资源尤其是旅游资源、相关产业、生态环境、公共服务、体制机制、政策法规、文明素质等进行全方位、系统化的优化提升，实现区域资源有机整合、产业融合发展、社会共建共享，以旅游业带动和促进经济社会协调发展的一种新的区域协调发展理念和模式。”①

全域旅游是一个方兴未艾的概念，如何理解这个概念笔者有自己的一些见解。全域旅游具有创新内涵，改变了单一的以景区为参观地点的旅游形态，从观光游发展到了休闲游和度假游。如果没有配套基础设施建设，例如购物区建设、体育运动项目和休闲产品开发、餐饮住宿区建设等等，休闲游不可能发展起来。全域旅游是一个有地域特征的概念，它是针对某个以整体为单位的目的地而言的。如果不依托城市空间布局、历史记忆和文化魅力，全域旅游也无法发展起来。全域旅游是充满文化内涵的概念，它成功的根基在于文化而非物质元素，旅游目的地发展全域旅游的基础在于文化元素的整合而非物质元素的渲染。

全域旅游的重心在于“域”而非“全”，并不要求某个旅游目的地360度无死角，而是要求在注重外表修饰和环境美观的前提下，不过分注重人为渲染的因素，比较真实地还原出该目的地的历史和文化图谱。“域”本身就是一个历史、文化、地理、政治的复合概念，每个“域”都是独一无二无可替代的，它不能还原到构成它现在面貌的个别元素状态，因此，将“域”的构成元素机械叠加是没有意义的。“域”包含几个方面的内涵，例如空间域、要素域和管理域。

从空间域来说，全域旅游旨在改变以景区为核心的旅游空

① 李金早：《全域旅游的价值和途径》，载《人民日报》，2016年3月4日。

间架构体系，而代之以露营区、休闲区、娱乐区、度假区、旅游功能小镇等元素架构起来的旅游空间体系，即广义上的旅游目的地，让旅游成为一块叩门石，推开旅游目的地那方浑厚的大门。从产业域来说，全域旅游旨在改变就旅游谈旅游的狭隘观念，改变以旅游业为核心的产业结构，构建旅游业牵头形成的产业综合平台，使旅游和资本、旅游和技术、旅游和居民生活、旅游与城镇化、旅游与城市功能完善的旅游开发模式，这些要素都能盘活起来，充分发挥体制和机制的活力，共同营造有地方特色的旅游环境。[①] 从管理域上来说，全域旅游旨在打破旅游管理职能部门一家独大的现象，构建社会各界踊跃参与以及各职能部门协同合作的和谐局面。

全域旅游是在工业化的背景下发展起来的。工业化是中国走向现代化的必由之路，中国依赖工业化发展了沿海地区的经济，是大量资本、人才和技术向沿海地区转移，加剧了这些地区和内陆地区社会经济发展的不平衡态势，使沿海地区的乡村变成了飞地，加剧了城乡二元结构。城市空间承载压力大，就业机会少，交通拥堵现象严重，公共资源配置不均，乡村无法分享工业化进程带来的发展成果，却在工业化时代不断被边缘化。工业化发展对乡村带来了巨大冲击，使农村大量人口向城市转移，留守儿童成为一个日益显现的社会问题，农村出现了很多空心户、空心村，农村的自然资源缺乏人为整合而被大量闲置，造成了巨大的浪费。工业化虽然增加了农业的附加值，但是由于农业资源天然分散和农户个体经营的现象，农业发展缓慢，自身动力不足，城市和农村的经济差距拉大，这种情况长期得不到重视或扭转，容易陷入一种恶性循环。

发展全域旅游，有利于从根本上扭转工业化带来的负面后

① 张辉、岳燕祥：《全域旅游的理性思考》，载《旅游学刊》，2016 年第 9 期，第 16 页。

果，使乡村找到一条适合自身实际情况的发展道路，让其因地制宜加速发展，依赖自身特征自力更生①。“域”是一个可大可小的概念，可以把乡村看作一个“域”，也可以把城市和邻近的乡村看成一个“域”，或者可以使乡村焕发出独特魅力，成为城市钢筋水泥之外的另一番风景，使游客感受离尘不离城的风味，既可以体验城市生活的方便，也可以感受到乡村和城镇生活的风光。乡村在规模、人口和发展阶段上和城市不在同一个起点上，不可能采取和城市一样的发展道路，只能结合自身特点另辟蹊径。把乡村全域旅游化，将其闲置的自然资源变成生产力，让游客在工业文明之外寻找和感受自然文明，有利于从根本上改变乡村经济社会落后的面貌。乡村具有发展全域旅游的先天优势，农村的旖旎风光、天然景观和清新空气是不可替代的财富，农民的淳朴自然和憨厚情怀是农村文化最好的传播者，民宿让游客感受返璞归真的乐趣。

全域旅游不能简单等同于“全民旅游”，但民众对旅游的贡献是显而易见的。打破单一景点限制，景区发展为面积宽广的旅游目的地，游客不满足于对景区的参观，把视线所及和足迹所至延伸到带有旅游功能的一切区域，尤其对于乡村而言包含整个乡村的风貌，对人的素质的挑战是相当高的。市民或村民的日常行为直接决定了游客对旅游目的地的判断，即细节决定成败，细微之处的瑕疵可能被情绪性地夸大，影响游客对该地方的好恶。在全域旅游成为新的旅游发展理念和模式的时代背景下，如何调动人的因素就成了一个值得思考的问题。海南岛位于祖国南疆，地理位置远离大陆，经济发展比较落后，但生态环境一流，旅游软硬环境不断改善，在游客心目中的口碑日渐提升，如何调动人的因素推进旅游岛建设进程中的软实力

---

① 胡莹莹、车震宇：《基于城乡统筹下的旅游小城镇研究》，载《河南科学》，2013年第5期，第31页。

就成了一个值得深思的问题。

二、统战理论中国化

毛泽东是将马克思主义统一战线理论中国化的杰出代表人物。在新民主主义革命、社会主义革命和社会主义建设时期形成的毛泽东统一战线思想，是马克思主义统一战线理论中国化的第一次飞跃[1]。

中国共产党人团结和调动一切积极因素，在推进改革开放伟大事业的同时，共产党人不断推进统一战线理论的中国化进程，实现了马克思主义统一战线理论中国化的第二次飞跃[2]。

1978 年 12 月，中国共产党十一届三中全会重新确立了马克思主义思想路线，确定了改革开放政策，中华民族的发展从此开始了新的篇章。邓小平全面分析了我国社会阶级状况的根本变化和由此带来的统一战线内部结构的变化，提出了社会主义劳动者和爱国者两个范围的联盟。1979 年 9 月 1 日，在中共中央政治局听取全国统战工作会议情况汇报时，邓小平明确指出：“现阶段的统一战线可以提升为革命的爱国的统一战线。”[3] 1981 年 6 月，在中国共产党召开的十一届六中全会通过的《关于建国以来党的若干历史问题的决议》提出：“一定要毫不动摇地团结一切可以团结的力量，巩固和扩大爱国统一战线。”这里将新时期的统一战线明确地称为“爱国统一战线”，更加明确地强调了新时期统一战线的爱国主义性质。

---

① 任杰：《统一战线理论研究：发展历程、启示和趋势》，载《广东省社会主义学院学报》，2002 年第 1 期，第 17—19 页。

② 尤俊意：《统一战线理论与实践的两次飞跃》，载《政治与法律》，1994 年第 1 期，第 4 页。

③ 任世红：《从革命统一战线到爱国统一战线的理论飞跃———邓小平 < 新时期的统一战线和人民政协的任务 > 理论价值的再认识》，载《上海市社会主义学院学报》，2009 年第 3 期，第 35—36 页。

以江泽民为核心的第三代党中央领导集体推动爱国统一战线的进一步巩固，丰富了马克思主义统一战线理论中国化第二次飞跃的理论成果。从党的十三届四中全会到十六大，中国共产党在以江泽民为核心的第三代中央领导集体的率领下，坚持以邓小平新时期统一战线理论和“三个代表”重要思想为指导，牢牢把握大团结大联合的主题，在不断创新的统一战线理论指导下，进一步巩固和发展了最广泛的爱国统一战线[①]。

进入21世纪后，随着我国进入全面建设小康社会新的发展阶段，随着国际国内形势的发展变化，统一战线面临的形势和任务发生了新的变化，迫切需要分析形势、总结经验，明确任务、完善政策，推动新世纪新阶段统一战线事业的蓬勃发展。以胡锦涛为总书记的新一代中央领导集体推动爱国统一战线进入新世纪新阶段，极大发展了马克思主义统一战线理论中国化第二次飞跃的基本内涵。

2007年10月，党的十七大胜利召开。胡锦涛总书记在报告[②]中指出，要壮大爱国统一战线，团结一切可以团结的力量。促进政党关系、民族关系、宗教关系、阶层关系、海内外同胞关系的和谐，对于增进团结、凝聚力量具有不可替代的作用。要贯彻长期共存、互相监督、肝胆相照、荣辱与共的方针，加强同民主党派合作共事，支持民主党派和无党派人士更好地履行参政议政、民主监督职能，选拔和推荐更多优秀党外干部担任领导职务。牢牢把握各民族共同团结奋斗、共同繁荣发展的主题，保障少数民族合法权益，巩固和发展平等、团结、互助、和谐的社会主义民族关系。全面贯彻党的宗教工作基本方

① 尹衍梅、张慧：《巩固和发展最广泛的爱国统一战线——谈江泽民同志的统一战线思想》，载《理论学习》，2003年第1期，第18—19页。

② 刘云山：《毫不动摇地高举中国特色社会主义伟大旗帜——学习党的十七大报告的体会》，载《求是》，2008年第2期，第6页。

针，发挥宗教界人士和信教群众在促进经济社会发展中的积极作用。鼓励新的社会阶层人士积极投身中国特色社会主义建设。认真贯彻党的侨务政策，支持海外侨胞、归侨侨眷关心和参与祖国现代化建设与和平统一大业。

习近平总书记治国理政新理念新思想新战略多次提到爱国统一战线的问题。2015 年 5 月 18—20 日的中央统战工作会议上，习近平出席会议并发表重要讲话①。他强调，全面贯彻落实党的十八大和十八届三中、四中全会精神，坚持以邓小平理论、“三个代表”重要思想、科学发展观为指导，深入研究统战工作面临的形势，扎扎实实做好统一战线各方面工作，巩固和发展最广泛的爱国统一战线，为推进“四个全面”战略布局，为实现“两个一百年”奋斗目标、实现中华民族伟大复兴的中国梦，提供广泛力量支持。

实现中国梦要坚守爱国统一战线，建设国际旅游岛同样要坚持爱国统一战线。中国化的统一战线理论启示我们，要争取一切可以争取的力量，使他们团结起来，心往一处靠，劲往一处使，积极投身于社会主义现代化建设，致力于中华民族复兴的伟业。从国家战略宏观角度考虑，统战工作开展得好，有利于早日实现祖国和平统一，推进改革开放，促进经济发展，保持社会稳定。从各省经济社会发展的中观角度来看，统战工作的顺利运转，有利于各主体功能区域发挥特色优势，找准定位，立足当下，着眼长远，走结合自身实际和国家战略大局的发展道路。具体到海南国际旅游岛建设，中国化的统一战线理论有以下三点指导意义。

---

① 《习近平：巩固发展最广泛的爱国统一战线　为实现中国梦提供广泛力量支持》，载 http：//cpc. people. com. cn/n/2015/0521/c64094—27032339. html，访问日期 2017 年 7 月 7 日。

1. 在中国化的统一战线理论指导下积极探索海南国际旅游岛建设特色

马克思主义统战理论中国化是该理论在指导中国革命和建设的实践中，被深化发展的成果，带有鲜明的中国特色。海南国际旅游岛建设是国际旅游岛通行标准和海南特色的结合。只关注通行标准，而不注重海南特色，建成的国际旅游岛将只体现普遍性，体现不了特殊性。不能体现特殊性的海南国际旅游岛是空无内容的形式，不能被冠之以如斯称谓。建设海南国际旅游岛是省委、省政府发展海南经济，保障海南稳定，推进海南和谐社会建设的战略决策，凝聚了海南决策层的智慧，但贯彻这一决策有赖于岛民的整体努力。特色来源于文化，蕴涵于民间。海南岛民的衣着装扮、娱乐方式和风俗习惯都折射了海南地区的文化，其价值观念和行为方式都是被这种文化建构而成的，他们在创造文化产品方面最具有发言权。海南和日本都有茶艺和温泉，日本的茶道传递了“和敬清寂”的理念，泡温泉反映了注重家庭伦理的文化传统，海南岛民在整合本地区现代和传统文化要素，打磨旅游文化产品上大有可为。

2. 在中国化的统一战线理论指导下动员全体岛民力量投入到海南国际旅游岛建设之中去

旅游岛建设的六大战略定位之一是全国生态文明建设示范区[①]，发展目标之一是力争使全省人均生产总值、城乡居民收入达到全国中上水平[②]，根本宗旨是通过经济社会均衡发展，还富于民。海南发展起步晚，基础差，经济社会发展整体性水平仍然较低，保护生态环境、调整经济结构、促进经济社会又好又快发展，任务艰巨。若岛民人人都自觉承担这项任务，做

---

① 毕华：《建设生态文明示范区的思考》，载《海南日报》，2016 年 3 月 1 日。

② 《驻足回望海南国际旅游岛建设 5 年历程》，载 http：//www. hi. chinanews. com/zt/2014/1204/40. html，访问日期 2017 年 7 月 7 日。

好份内应做之事，这项任务便均匀地分摊在了每个人的身上。用整体合力而非个体之力推进海南国际旅游岛建设，才能完整细致地做好其涉及的各方面工作。

3. 在中国化的统一战线理论指导下分类别做好海南国际旅游岛建设统一战线工作

不同的社会群体有不同的利益需求。这一基本普遍的社会现实，让各时期的统战工作对象具有特殊性和普遍性的双重特征，也使统战工作有明显的针对性。联系当前海南国际旅游岛建设，统战工作既需要继承传统，又要根据新形势和新任务破旧立新。统战工作目标群体队伍庞大，来源不一，要调动他们的积极性和创造性，必须对其身份特征、利益需求及行为逐一分析，知道他们是谁，有什么样的利益，通常采取什么样的行为模式来满足自身的利益需求，才能明确他们在海南国际旅游岛建设中能做怎样的贡献，以达到最大程度发挥其合力的目的。

第二节 调动一切力量投入海南国际旅游岛建设

海南统战工作目标群体和其他各省相比，有一致性，也有特殊性。无党派和民主党派人士，非公经济人士，港澳台同胞及海外侨胞是中国各省统战工作的共同对象，少数民族和宗教界人士代表是海南等少数民族聚集区统战工作的特殊对象。了解海南统战工作目标群体的身份、利益需求及行为模式，才能对他们安排相应的工作。

一、动员一切力量投入国际旅游岛建设进程

海南国际旅游岛建设不仅是海南省委、省政府在未来至少

10年的工作重点，也随着国务院的44号文件在2010年上升为国家战略。它为海南迎来了第二次发展机遇，但能否把机遇转化为现实，海南人民面临着未知的挑战。完成这项庞大工程，非朝夕之功，也不能仅凭一己之力。必须把繁重任务细化分解，交与不同的群体承担，调动各种力量的积极性，发挥社会各界人士的积极作用。

（一）发挥无党派和民主党派的积极作用

无党派和民主党派人士指没有参加任何党派，或参加了民主党派的人士。他们在组织关系上不属于中国共产党这一执政党，但在后者领导的多党合作及政治协商制度中，担负参政议政和民主监督的职能。总体而言，他们的利益在于维护民主党派的相对独立性，为中国共产党在决策过程中建言献策，提供智力支持。他们的惯常行为是参与决策过程，但不参与决策制定。

国际旅游岛是个新鲜事物，如何建设国际旅游岛，没有现行的标准可以遵循，必须在实践中慢慢地摸索。在这方面，海南可以借鉴印尼巴厘岛、韩国济州岛等国际著名旅游目的地的先进经验，对照自身实际走出一条新路子。民主党派和无党派人士发挥自身优势，能做的工作将体现在4个方面。

第一，推进国际旅游岛建设的标准化进程。现行的海南国际旅游岛建设规划是宏观指针，无法解决出现的具体问题。随着时间推移，一些事先预料不到的问题会涌现出来，需要临场应变的智慧和处理危机的能力。在没有任何先例可以参照的情况下，顺利及时地解决这些问题，要广开言路、广纳良策，而解决新问题的过程，就是将国际旅游岛标准体系精细化的过程。由粗放到集约，未来的国际旅游岛遵循了现行可行标准，又超越了目前不完善的标准，推进了旅游标准体系的建设。无党派和民主党派人士参与决策过程，就是对旅游标准体系建设的贡献。

第二，监督旅游岛建设过程中政策法规的运行。为保障海南国际旅游岛的建设，已出台了并将继续出台一批政策法规。稍有疏忽或懈怠，这些政策法规就不能落到实处，成为一纸空文，旅游岛建设也将因此无从谈起。加强政府的执政能力，强化其执政决心，必须建立高效透明的监督机制，让无党派和民主党派人士充分发挥民主监督的职能，带动舆论形成强大的约束力量，让行政部门提升自觉执政的意识。

第三，监督省委、省政府履行承诺。当前，无论从硬件设施，还是软件环境，海南实际情况和国际旅游岛预期目标相比，尚有很大差距。污水处理设备不完善，旅游交通体系不发达，旅游公共服务体系①有待建成，这些问题都制约了海南长远发展。在国际旅游岛建设规划中，关于这些问题有美好的蓝图，即要达到什么样的目标，但缺少详实具体的解决方案，以至于让人看到路在前方，但不知如何下脚。学习国际旅游岛建设相关知识的热潮已过，当干事创业的激情如箭在弦的时刻，俯下身子，贴着地面行走，扎实践诺，踏实探索是省委、省政府履行承诺必须具备的态度。道路崎岖，坎坷多多，各级党委、政府依法办事，完成份内之事，不搪塞推诿，不邀功请赏，不偷工减料，才能合力打造国际旅游岛建设的庞大工程。

第四，普及国际旅游岛建设的相关规范。规范意味着标准，遵循规范，才能让行为符合标准。从小处着眼，讲普通话是岛民应该遵循的标准。在菜市场或是饭店、超市，满口海南方言的服务人员通常让外地旅客一筹莫展，也助长了不公平交易的不良风气，最终影响了旅游潜在市场的开发。建设国际旅

---

① 金卫东：《智慧旅游与旅游公共服务体系建设》，载《旅游学刊》，2012 年第 2 期，第 5—6 页。

游岛人人有责，讲好普通话对于寻常百姓来讲，就是参与旅游岛建设的第一步，走好了这一步才能步步畅通。凡事靠习惯，习惯一旦养成，更改实非易事。讲方言是习惯，早已在自觉或不自觉之间渗透到岛民的日常生活中，让他们在成年时期重新学习并讲好普通话，需要在两个方面下功夫：让他们意识到自己讲好普通话对国际旅游岛建设是个重大贡献，增强其说普通话的自觉性；教会他们说标准的普通话。

此外，导游行为是否符合行业规范，也是旅游岛建设过程中值得关注的问题。服务不周到，态度不端正，哄劝游客购买旅游商品，不使用文明用语等现象抹黑了导游的形象，引起了游客的反感。使导游增强对自身职业的认同感，树立起良好的职业道德，让他们用真心和游客交流，以准确的专业知识向后者传递文化信息，才能正本清源，重建旅游市场秩序。

对于全体岛民来讲，国际旅游岛建设关乎海南经济的长远发展，是惠及民生的大事。把旅游岛建设当成自己的事来认真对待，而不是事不关己冷眼旁观，把自己当作大海中的一滴水，而不是逍遥自在的过客，不惜力，尽全心，当“岛主”，岛民才能为旅游岛建设贡献力量。从游离在外到置身其中，态度的转变需要自觉学习，也需要被教会。教会不等于行政命令。前者是因材施教，顺势而上，后者是用无法抵抗的权力强行灌输。若用行政命令要求岛民遵守规范，即使他们在表面上按照预期中的那样去行为，其内心反抗情绪也会越来越强烈。行政命令一经撤除，他们会恢复原状，自行其是。无党派人士和民主党派人士不属于执政党的特殊身份，让他们在传播旅游岛规范的过程中，不必担心被扣上“强权”的帽子，不必担心引起岛民的抵触情绪。学习规范，内化规范，按照规范要求采取适当行为，是从“岛民”向“岛主”身份转化的三部曲，而学习的前提是有好的教师，党外知识分子在这方面可以有很好的建树。

（二）发挥非公经济人士积极作用

非公经济人士在私营或个体企业中工作，不属于国有企业或集体企业管辖范围，在特定经营领域中通过技术或劳动实现企业的资金积累。他们的利益是最大可能地为本企业创造物质财富，在企业成长中实现个人价值，分享企业繁荣。其惯常行为是熟悉企业业务，充实自身知识积累，跟随时代发展步伐，推动企业的技术更新。

非公经济人士分布于各个领域，其自身作为贯穿于海南国际旅游岛建设的整个过程。海南经济发展起点低，但热带资源赋予其巨大潜力，把潜力转化为现实，把发展和环保结合起来，培育海南特色经济结构，是推动海南经济腾飞的必要途径。非公经济人士任职的企业，其所有权不属于集体或国家，由企业所有者自主经营，自负盈亏，他们想在业界站稳脚跟，凭借的是产品优势。保持这一优势，必须更新技术，靠实力说话。更新技术，一方面要善于借鉴别人的先进经验，另一方面要苦练内功，不断摸索，立志于发明创造。非公经济人士的付出，既可以帮助本企业在激烈的市场竞争中扩大市场份额，也可以推动海南省实现产业结构的升级。

热带高效农业是海南新的经济增长点，已被纳入省政府出台的国际旅游岛建设规划中。海南各市县的农场是发展这一新兴产业的载体，其中很多已实现产销一体的规模化经营，打响了本企业知名度，也让海南特色的热带水果、蔬菜远销海内外，创造了可观的物质收益。农场经济不是暴利行业，发展它需要用巧劲。改变经营思路，合理布置农场用地，引进先进种植技术，开发新品种才是制胜之道。农场所有者在如是行为的同时，主观上为自己积累了物质财富，客观上推动了农业经济增长方式的转型和农业结构的调整。

游艇业在中国是新兴业态，还没有形成规模。国际旅游岛建设规划中，对游艇业的未来布局也有提及，这对于财力雄厚的商人来讲，预示着无限商机。国际旅游岛初步建成的10年时间内，随着政府的重视和资金的投入，岛内基础设施将逐渐完善，前来旅游观光或度假定居的人将逐年增加。对于追求生活品质，一心想领略海洋文化的人来说，乘坐游艇，海中览胜，将别有一番“偷得浮生半日闲”的情趣。在国家扶植游艇业的大背景下，看准其潜在市场的商人会精心谋划攫取第一桶金。而受制于传统经营领域，国有企业在开发方案设计、产业转型等方面灵活度相对不足，反观非公经济人士，更容易在短时期内有效转型，进行跨产业经营。

（三）发挥宗教界人士积极作用

宗教界人士捍卫其教派推崇的“善”的法则，其惯常行为表现为处理人际关系时践行的道德准则，如基督教提倡的“大爱”原则和“宽恕”原则，具体地讲，就是与人为善、以德报怨等。

海南的宗教界人士一般意义上指穆斯林，集中在三亚地区，信奉《古兰经》中规定的“善”的原则，用之来指导自身行为。和基督教类似，伊斯兰教推崇的教义体现了“大爱”原则，教导信徒孝敬父母，亲爱远邻近邻，怜恤孤儿，款待旅客。真正的宗教信徒会把神谕作为行为尺度，严格遵循从不逾矩，其言传身教无形中为身边人树立了典范，让后者明确差距，寻找不足，并改正不当行为。鉴于宗教有推广“善”的原则的功效，它将在两个方面推进海南国际旅游岛建设。

第一，促进社会和谐气氛的形成。人是附着在社会意义之网上的动物，有多重身份，在不同场所、不同成长阶段扮演不同角色，承担与之对应的社会职能。无论其性情禀赋如何，他们总要进入一定的角色，与周围的人发生这样或那样的联系。与人打交道，就要走出自我的狭小世界，克制小脾气，融入不同群体，与人为善，以诚待人，遇事多做换位思考。带着功利性的心态与人交往，凡事均和利益挂钩，以利益划线，把对己有用的人当作朋友，极力巴结，对于己无用的人冷漠相对，戴着面具做人，把人分成三六九等，在任何时候都不会交到朋友。友谊要从心出发，只有心怀善念，把其他人当作和自己平等的人，才能把对自己的“小爱”扩散至对他人的“大爱”。伊斯兰教义中，此人与彼人是平等的，同为神所造，无高低贵贱之分。从这一点来看，提倡平等的伊斯兰教有利于促进人际关系的和谐。

第二，促进善心人士致力于慈善事业。《古兰经》中明确规定，人之将死，分配遗产时，如有孤儿在场，要给其适当的份额，与儒家文明所讲“老吾老以及人之老，幼吾幼以及人之幼”有本质相同的内涵。[①] 关注弱势群体，让他们享受社会文明和经济发展的成果，是社会整体道德水准提高的体现，也是其应有的权利。宗教界人士倡导和推广“大爱原则”，旨在唤醒世人的善心，让他们在关注弱势群体的实际行动中参悟善的真谛，在对善的深刻领悟中坚守善行，于喧嚣红尘中求得心灵宁静。善事并非金钱堆砌而成，举手之劳便可成就一桩善举，不经意的言语也会成为温暖人心的力量。善行源于善心，善靠觉悟，人若不能自觉，就要依靠他觉，这也是宗教界人士具有推进慈善事业能量的原因所在。

---

① 吴静：《伊斯兰教与儒家慈善伦理之比较》，载《回族研究》，2016 年第 2 期，第 85—89 页。

（四）发挥少数民族代表人士积极作用

少数民族代表人士来自于汉族之外的其他民族，传承了该民族的语言、思维方式、文化传统。他们的利益是保存本民族的特有文化如生活方式、风俗习惯等，传播本民族的价值观念和道德准则。其适当行为体现了该民族行为规范的特殊要求，也体现了中华民族大家庭的普遍特色。

少数民族代表人士传承了本民族的特殊文化，继承了该民族的群体生活方式和独特语言，这本身就为保留中华民族的文化遗产做出了贡献。海南国际旅游岛，是文化与经济社会同步发展并相互促进的产物。缺少文化，建成的旅游岛只能是旅游产品和景点的机械累积，毫无人文色彩。把海南特色文化融入国际旅游岛建设，让游客领略别样文化的妩媚风情，才能增加旅游岛对游客的吸引力。具体说来，少数民族在这方面的贡献体现为以下两点。

第一，开发旅游产品。旅游并非指单纯的游山玩水，或在忙碌生活中打发闲散时间的生活方式，人们愿意在旅游上投资，看中的是其本身促进人际沟通与交流的功能。理性认识抽象深刻，感性认识具体生动，二者互相不可替代，但感官带来的直接体验，帮助加深对特定事物的理解。有民族特色的旅游产品既可提示游客对该民族风土人情和风俗习惯的记忆，也可让他们对比记忆与现实，以所见所闻推翻头脑中先入为主的偏颇观念。除增长见识，丰富知识积累外，从旅游提供的休闲功能看，游客陶醉于形形色色的旅游产品中，让心情放松至慵懒状态，随兴所至，享受快意人生，也是难得的心灵之旅。

第二，打造民俗风情小镇。风情是文化的体现，没有深厚的文化积淀，无以成风情。风情不能抄袭，缺乏特定的文化背景，风情将变了韵味，残留一片荒芜。对于长期生活在一种文化背景之下的人来说，来自异国他乡的风情，别有一番吸引力，让人回味无穷，如醇酒历久弥香。海南云集了黎族、苗族等少数民族，其食品、饰品随处可见，其趣闻轶事为人们茶余饭后增添了不少谈资，这些都为打造民俗风情小镇积累了丰富的素材。整合这些素材，用合适的外衣加以包装，为民俗风情小镇的建设搭台子，向少数民族人士取经，动员其积极性让他们直接参与进来，装点风情小镇的具体场景，在细节上下足功夫，小镇才能散发出称之为风情的韵味。例如，在游览桂林漓江酒吧一条街时，浅酌低吟，信步游街，两边是泛着微光、灯影迷离且充满异国情调的酒吧，或悲或喜或惆怅的情绪在心中氤氲，分不清此路是通往前世还是今生，时空错位感恍然而生，一切都因改变了的环境与众不同。

（五）发挥港澳台同胞和海外侨胞积极作用

港澳台同胞和海外侨胞是旅居国外的中国人，割不断的血脉联系使其身在异国他乡，也难舍报国尽忠的拳拳深情。他们是大中华文化圈的一份子，在中华文明和异国文明的交融碰撞中固守着母国文明的精髓。从某种意义上讲，他们是祖国散发于世界各地的名片，其仪表风度是儒家文明教化的产物。他们的利益是捍卫中华文明核心价值，传承精髓，剔除糟粕，在中华文明的蓬勃延展中完善自我，实现中华民族集体身份的再造。与此呼应，其适当行为是用世界人听得懂的语言解释中国当今社会的现实，用中国人听得懂的语言解释世界发生的变化，推动中国走向海外，也帮助世界更好地了解中国。

港澳台同胞和海外侨胞与祖国有割不断的血脉联系。同为中国人的身份使他们对大中华文明有天然的认同感，而身处祖国大陆之外，和国外的频繁接触让他们感悟到大中华文化圈的辐射力，增添了其对祖国的正向认同感。由于其特殊身份、交往的特殊群体、工作或生活的特殊环境，他们对海南国际旅游岛的贡献主要体现在以下几个方面。

第一，为海南引进更多投资。港澳台同胞和海外侨胞与国外工商界人士交往机会多，积累了丰富的人脉资源，可担当沟通祖国和国外经济联系的重任。他们推进海南与国外交往的渠道集中在三点。(1) 他们讲述在今日海南的见闻，客观对照海南历史与现状的明显差异，其言谈能无意间引起外商的重视，让其捕捉到微妙的商机，使其萌生到海南投资建厂的兴趣。(2) 在港澳台同胞和海外侨胞出面接洽下，海南和外国企业界建立某种形式的合作机制，其合作范围逐渐扩展，合作层次不断升级，合作力度加大，合作将固化成一种常态。外商看准海南发展的后劲，积极参与推进海南国际旅游岛建设，享受政府在投资方面的优惠待遇，主动寻找合适的投资场所与投资领域，以求在未来蓬勃发展的岛屿经济中分一杯羹。(3) 港澳台同胞和海外侨胞在外商委托下，负责在海南考察投资地点，筹备投资方案。语言和文化优势缩短了他们熟悉海南经济圈的时间，为结束考察期进入实战阶段赢得了战机，使外商在海南的投资更有效率和效益。

除发挥间接作用，做沟通海南和外商联系的推手外，港澳台同胞还可以在海南进行直接投资，为海南国际旅游岛建设提供资金支持。他们深切感觉到当地市场的有限性，把眼光转向祖国大陆，振奋于国务院推进海南国际旅游岛建设的宏观战略，看好海南发展前景，把它当作绽放事业第二春的平台，而资金保障将加快海南经济发展。

第二，为海南引进先进管理经验。海南经济起点低，起步晚，落后于同时被批准为经济特区的其他地区。港澳台地区在经济发展过程中各有侧重，特色不一，但都创造了经济腾飞的奇迹，在开拓特色化发展道路的探索中积累了先进的管理经验。海南结合自身实际，不搞重工业化，重环保，发展节能低耗产业，培育海洋经济新亮点，着力点鲜明，没有现成的模式可以仿效。发展道路不是普适性的，管理经验却可广为流传。因此，借鉴港澳台地区的管理经验，抓旅游岛建设中各项规章制度和方针政策的落实，海南经济将从中受益。

第三，开发国外旅游市场。在经济发达地区或国家，人们通常把旅游作为打发闲暇时间的方式，让他们选择海南作为旅游度假目的地，海南国际旅游岛将拥有广阔的市场。港澳台同胞和海外侨胞是祖国的名片，他们向国外友人宣传国际旅游岛，推荐海南旖旎迷人的热带风光，和自成一体的文化，能起到和官方宣传不一样的效果。官方宣传经过了刻意的修饰加工，在光怪陆离的世界，人们面对媒体轰炸，越来越学会了冷静思考，在考虑是否尝试某种商品或服务时，有些人更倾向于聆听别人的直接经验。港澳台同胞和海外侨胞做宣传员，让海南的形象更直观生动地浮现出来，增加了其对游客的吸引力。

二、各界力量参与国际旅游岛建设进程的案例分析

主题公园是典型的主题旅游产品，能创造出一批新的旅游产品①。成功的主题公园建设有利于合理配置区域资源，有利于提升区域核心竞争力，有利于形成全新的区域产业链条，有利于优化区域产业结构，有利于全面驱动区域经济社会综合发展等，为本地区发展带来巨大的推动作用。伴随着海南国际旅游岛建设的推进，海南的主题公园建设必将进入一个全新的时代，从而加快国际旅游岛建设的步伐。主题公园选择什么样的主题，智慧来自于民间，民众发挥想象力和创新力才可以想出

① 宋咏梅、孔根年：《我国城市主题公园建设的几个问题》，载《城市问题》，2006年第9期，第57页。

好的主题。

民革党员田斌曾任海南热带野生动植物园有限公司项目开发总经理，他曾提出建立“共生大家园”[①] 的概念。他认为，在国际旅游岛建设背景下，主题公园应定位为国内顶级、世界一流的主题公园，是高端的精品主题公园，是以共生主义体验为主题，以海南上升国际旅游岛国家战略为契机，在海口加快旅游业发展横空出世扬帆破浪之时，打造出的一个人类、动物、植物与自然和谐共生的休闲旅游产业体系。其技术配置应坚持科技的现代化原则，增强技术与技术之间、技术与项目之间、项目与游客之间的互动性，充分利用高科技打造富有科技含量的游乐休闲空间——共生大家园。“共生大家园”应做如下理解。

1. “共生大家园”的概念

“共生”既是生物之间的一种互利关系，也是人与人之间以及人与自然之间相互依存、和谐统一的共存关系，是人类回归自然的理想。“大家园”是指民众对私人家庭范围以外的公共领域所给予的类似家庭性的精神认同，是一种公共的社会心理状态和行为习惯。在这种社会心态下，人们视公共领域事物如自己家的一样，既在其中共享着权利和便利，也自觉地担负着相关责任和义务。

“共生大家园”的特点：

（1）主题新颖明确：“共生”是主题公园的命脉，鲜明特色和独特个性的主题是“共生大家园”的灵魂，也是影响旅游者休闲娱乐取向的魅力之源。“共生大家园”有自己浓烈的主题特色，区别于同类旅游产品的独特形象。为了满足游客的多样化需求与选择，深入挖掘主题，创造独特主题，已成为规划

① 关于“共生大家园”的概念，笔者对田斌先生进行了访谈，记录由笔者本人整理。

与发展的立足点。

(2) 天人合一：在开发新区和活动项目的同时，保护植被、野生动物和生态环境，使人徜徉在空气清新的自然环境中。

(3) 新与旧的统一：保留历史性的村落；转换具有当地乡村特色的村落，整修、改建村落民居，使之转换为旅游服务的农家大院、农家乐餐厅、农家旅馆、特色一条街等等。

(4) 乡村与城镇的共处：开发不同尺度的社区，在项目区所在的水系岸集中开发小规模、小尺度的动物庄园，保留的村落融为一体，塑造乡村感觉，与自然水域契合。

(5) 传统文化与现代文明的交汇：结合中华民族历来怜悯生命的传统，把传统美德中的动物保护思想和现阶段动物保护实际相结合，开发体现目前的经济状态和现代休闲文明。

(6) 继承与发展的平衡：在发展旅游、开发新城镇的同时进行环境生态保护、村落保护、文化保护和乡土风情保护。

(7) 文化多元：体现在项目的复合型开发上，强调多种体验，城市文化、乡村文化、生态文化、娱乐文化和传统文化等。

2. 将海南野生动植物园建成“共生大家园”

近几年来，海南旅游产业发展形势一片大好，发展一些独具特色的主题公园已经成为我省发展现代旅游产业的一种必然选择，是建设国际旅游岛的重大课题，也是我省旅游业能持续发展的一大动力，能有效地带动国际旅游岛全方位系统开发。

(1) “共生大家园”为何选址在海南

哥本哈根会议让人们越来越重视发展低碳经济，海南有发展低碳经济的条件和优势，大力发展低碳经济将成为海南今后一个时期的努力方向和重心。在国际旅游岛建设的大背景下，海南将更加注重生态和环保。在未来，环保、健康、低碳将成为海南国际旅游岛的主要标志。低碳经济无疑将会走进人们的生活。因此，我们应当建设更多的低碳生活示范区，而海南则是我国建设低碳生活示范区的理想之地。发展低碳经济具有重要的时代意义，对地方生态文明建设将起到积极作用，也进一步为海南国际旅游岛建设添砖加瓦。目前，海口、三亚和博鳌都是旅游资源较为丰富的城市，有条件在海南率先发展低碳经济，倡导低碳生活和旅游。

（2）“共生大家园”为何选址在海南野生动植物园

海南作为国内外知名的旅游胜地，旅游产业发展成效显著，但具有特色和鲜明主题的旅游项目发展相对滞后。针对海南极佳的资源禀赋条件和独特的区位优势，在海南国际旅游岛建设的契机下，建设一批具有自身特色的主题公园将成为海南建设国际旅游岛的一大突破口。海南旅游产业长期以来一直呈现出三亚一家独大的发展格局，海口作为省会城市，缺乏有强大吸引力的景区，游客到海口只是过站，导致海口接待游客人数不低、旅游消费却不高的巨大反差。因此，要想抓住国际旅游岛带给海南第二次腾飞的机遇，海口必须整合现有资源、提升景区品质、打造龙头景区。在众多备选项目中，海南热带野生动植物园资源独特，即将搬迁的新址交通区位优良，加之企业十几年的坚守积攒了丰富的管理经验，可真正担负起海口旅游龙头老大的角色。因此，海南热带野生动植物园新区转型升级产品创新的规划理念应运而生。海南热带野生动植物园新区转型升级产品“共生大家园”既是一个景区旅游项目，又是一个提升海口市和海南国际旅游岛旅游竞争力的旅游项目；既是一个旅游开发项目，又是一个城镇建设项目；既是一个具有直接的旅游经济效益的项目，又是一个具有广泛深远的政治、社会、文化、生态、科技效益的项目。

(3)“共生主义”综合性主题公园的构成要素

建设国际旅游岛需要大规模、高品位、高标准的综合性主题公园，面对海南国际旅游岛已经上升为国家战略的新形势，加快旅游业转型升级的意义重大。应以海南热带野生动植物资源为依托，以海口城市圈休闲旅游市场为基础，实现人类、动物、植物和谐共生，居民、旅游者、开发经营者和谐共进，新业态旅游产业、新型旅游景区、特色经济乡镇和谐共荣。打造以“共生主义”为特色的国家级5A旅游景区、热带海岛动植物王国大型主题公园、中国首家夜行动物世界，填补国内空白。

首先，动物小城镇，共生大家园。设想通过拉动内需加快小城镇再建设为突破口，整合海口美兰演丰区特色经济，构建人类、动物、植物与自然共生的休闲旅游产业体系，创新中国野生动植物园在新时期开发区的新模式。打造一个5A级特色动物主题公园和中国小城镇科学发展示范镇——中国首家动物小城镇、以“动物小城镇，共生大家园”的概念来整合海南热带野生动植物园的形象定位，无论对旅客还是对“动物小城镇，共生大家园”为核心的产品都具有很大的吸引力和开发潜力。形成由目前热带野生动植物园单一的观光型旅游产品逐步过渡到集观光、休闲、度假、体验、科研、教育、会展等为一体的复合型旅游产品。

其次，环境—动物—人三位一体。“共生大家园”注重三大要素——环境、动物、人的打造，使三者联成一个紧密不可分的有机整体。旨在打造一种人、动物与自然和谐相处的大环境；向动物提供一个舒适宽敞且相对自由的生活空间而且不会过度侵入动物的生存领域，以给予它们充分的尊重和福利。

“共生大家园”是遵从人类审美规律，运用文化、美学、高科技等手段构筑一个理想化的世界。自然是人类最重要的东西，人与自然和谐相处是经济社会发展到一定程度、一定阶段的必由之路，是人类总结经验教训后的必然选择，以人与动物和谐相处为特色，把观赏性、文化性、参与性、教育性和休闲性结合为一体，在国内具有独创性，具备了提升野生动植物园旅游的总体吸引力、延长旅客旅程、增加旅游总收入的功能。

再次，自然环境——三园合一。景区实现了野生动物园、热带植物园和热带花园的三位一体，古木参天，藤蔓交织，奇花异草，蝶飞莺啼，曲径清幽，湖光绿海，秋水长色，使得小镇生态环境既能满足自我造血的功能，又能起到筑巢引凤的作用，吸引更多的鸟类来此安家落户，形成一派自然和谐、万物昭苏的热带雨林野生态景观。

然后，营造独特的小镇氛围。“共生大家园”除完善热带生态环境、提高硬件设施条件外，还要从软件上提高游客在这里的安全感、舒适感和归属感。规划合理小镇空间结构和建筑形态使观光景区、休闲景区、商业区融合在一起，“共生大家园”不是一个简单封闭的度假村或者动物园，而是一个有血有肉有经络、开放式的功能组织。除了布局各种休闲娱乐度假设施，诊所、药房、邮局、银行和超市可同时为游客和周边村民提供服务。总之，“共生大家园”真正实现让每位游客（还有员工）动物都有家的感觉。

最后，构建循环经济、绿色经济为特色的“低碳绿谷”。“共生大家园”紧跟时代需求及国际化建设的要求，采用了节能减排技术，使用绿色环保建筑材料，大力推广低碳生活方式，为旅客构建一个循环经济、绿色经济为特色的“低碳绿谷”。“共生大家园”属于绿色事业，它拥有包容大面积绿地和造就高素质生态环境的能力。为了成为旅游者的旅游、休闲、娱乐中心，主题公园十分重视环保工作，为营造更美好的生态环境付出巨大的努力。在生境上，实现热带动物园、植物园、花园三园合一；在情境上，实现观光景区、休闲社区、特色度假区三区合一；在意境上，实现关爱自己、家人、他人、社会、自然、未来六爱合一。

三、动员一切力量应强调“软”的一面

在当前建设海南国际旅游岛的热潮中，发挥人的积极作用是一项大的工程。把握层次感，为不同目标群体定好位，参照其具体身份特征，明确其主观需求，是做好人的工作的关键。不讲差异，对所有目标群体不加区分，整齐划一地对待，是做不好工作的。把任务分解，对症下药地布置到各目标群体手中，体现了与人有关工作的方法性。

如果硬性规定各群体如何去行为，去从事什么样的行为，他们的主动性发挥不出来，用敷衍了事的态度轻慢对待，工作等于没做，更严重的后果是，各群体感觉到自己的立场没有得到充分肯定，主人翁地位无从体现，长此以往，其参与祖国建设的积极性会被抹煞。调动他们的积极性，不在于是否把他们看作社会主义现代化建设的一份子，而在于布置什么样的工作给他们，是否有针对性地交与不同的任务给他们。差异普遍存在，尊重差异就是顺应规律。

不能来硬的，就要强调“软”的一面。首先，要看打交道的各群体是什么样的身份，有怎样的利益需求，在身份和利益的框定下采取什么样的适当性行为。其次，根据其行为模式，对照国际旅游岛建设中的具体任务要求，一一对应，使他们各就各位。然后，跟踪他们的实际作为，协助解决其能力范围之外的问题，保证其提高效率，沿着正常轨道开展工作。再次，定期组织各群体碰面，让他们相互借鉴，交流经验，在切磋中调整工作思路，更新思维方式，提高工作效率。动员人的力量

推进海南国际旅游岛建设，要注意普遍性和特殊性的结合，认清海南的特殊实际，并在解决实践问题中深化对理论的理解。从实践中来，回到实践中去，再从实践中汲取养料，是理论发展的路径。在和不同群体打交道的过程中积累了丰富经验，对之进行抽象升华，总结出相对规律，充实了理论积累，理论由此得到发展。理论和实践互相促进，形成良性循环，理论不断深化，实践不断深化，推动了海南国际旅游岛建设的进展。

不同群体都要参与到国际旅游岛建设的进程中，立足自身身份定位，扮演不同角色履行不同职能分工，形成一个命运共同体，把自身发展和国际旅游岛的目标连接起来。区分不同群体的类别，根据其特点，考虑其利益需求，明确其内部分工，既能实现其个人价值，又能实现其社会价值，最终从不同侧面推进海南国际旅游岛建设。尊重工作对象的合理利益诉求，才能动员积极者更加积极，游离者转变态度，共同建设海南国际旅游岛精品工程。

结语

国际旅游岛的建设进程中必须注重旅游业的发展，增强海南岛作为旅游目的地对于中外游客的吸引力，让他们发自内心地基于游客体验将海南作为旅游的首选之地。要实现这个目的，海南岛应见贤思齐，发挥自身比较优势，采取其他旅游目的地的先进经验，在旅游产品设计、营销方面，在旅游从业人员素质提升方面狠下功夫，将更多的人性化因素注入到游客体验中。让游客在海南旅游的过程中，感受到海南天人合一的和谐文化，岛民质朴无华的乐观情怀以及崇尚自然的价值观念，才能打响海南作为国际旅游岛的金字招牌。海南具有成为国际旅游岛的基础，但如何把海南的少数民族文化、海岛文化、边疆文化、红色文化等文化元素整合起来，巧妙地运用于各种官方和民间活动，让文化的魅力润物无声，不仅是政府的义务，也是海南岛民的使命。

海南国际旅游岛的建设应立足于旅游，但是不应局限于旅游。旅游岛的建设涉及到方方面面。例如，现代热带农业体现了海南的地域特色，满足了居民的营养需求；再如，海洋经济产业有利于发挥海南是最大面积海洋管辖省份的优势，彰显海南独一无二的特色。旅游岛的建设有很多方面涉及到硬实力因素，毋庸置疑，硬实力是旅游岛的坚实根基，没有硬实力的发展，旅游岛将成为空谈，但是，如果没有软实力，旅游岛的建设将从根本上缺乏对人的吸引力，无法让游客产生心灵的皈依感和精神上的满足感。因此，海南省应注重国际旅游岛建设的顶层建设，提升制度化水平，强化制度安排，让法治意识在海南岛生根发芽，让海南岛真正成为规范化治理的海岛。

世界充满了变化，要使人的思想适应变化了的实际。国际旅游岛不是从天上掉下来的，必须充分发挥主观能动性推进这一宏伟目标的进程。海洋强国是既定国家战略，21 世纪海上丝绸之路旨在传递和谐世界的理念，海南应主动寻找发挥作为的空间，将自身发展和国家战略结合起来，抓住契机推动国际旅游岛建设的进程。“人”的因素无处不在。联合兄弟省份进行考古研究，复兴古代海上丝绸之路的繁荣景象是继承先贤精神的表现。团结一切可以团结的力量，动员一切可以发动的行为个体，让他们的个人智慧凝聚为集体智慧，国际旅游岛的人本元素才能被挖掘到极致。

国际旅游岛建设仍在路上，这个进程中软实力的提升也在路上。软实力的提升有助于提升硬实力，反之亦然。软实力依赖的是根植于人性深处的力量，没有人的参与谈不上软实力，没有精神的元素谈不上软实力，没有制度的进步更谈不上软实力。随着国际旅游岛的深入推进，软实力不断提升的局面是可以预见的。

参考文献

1. 王克军：《主要客源国对中国入境旅游市场的贡献分析》，载《旅游学刊》，2017年第1期，第32—41页。

2. 王琴梅、方妮：《乡村生态旅游促进新型城镇化的实证分析——以西安市长安区为例》，载《旅游学刊》，2017年第1期，第77—88页。

3. 谢小芹：《旅游景观是如何被制造出来的？——基于黔东南州J村苗寨旅游开》，载《中国行政管理改革》，2017年第1期，第90—95页。

4. 陈海波：《非惯常环境及其体验：旅游核心概念的再探讨》，载《旅游学刊》，2017年第2期，第22—31页。

5. 胡振华、容贤标、熊曦：《全国旅游城市旅游业发展和生态文明建设的协调度研究》，载《学术论坛》，2016年第9期，第51—58页。

6. 罗浩、颜钰荛、杨旸：《中国各省的旅游增长方式“因地制宜”吗？——中国省际旅游增长要素贡献与旅游资源比较优势研究》，载《旅游学刊》，2016年第3期，第43—53页。

7. 张红梅、梁昌勇、徐健：《“旅游+互联网”背景下的智慧旅游云服务体系创新》，载《旅游学刊》，2016年第6期，第12—15页。

8. 张红梅、梁昌勇、徐健、董骏峰：《特色旅游目的地形象对游客行为意愿的影响机制研究——以贺兰山东麓葡萄产业旅游为例》，载《中国软科学》，2016 年第 8 期，第 50—61 页。

9. 邹永广：《目的地旅游安全度评价及时空格局——基于全国 31 个省会城市的统计数据》，载《中国软科学》，2016 年第 2 期，第 56—66 页。

10. 张骁鸣：《现象学体验学说及其对旅游体验研究的启示》，载《旅游学刊》，2016 年第 4 期，第 42—50 页。

后记

本书来自于一项省级课题研究的启示。我曾作为主持人研究了海南岛如何借鉴东盟经验提升自身软实力，投入了大量的时间和精力，关于这个问题有一定的心得和体会。“权力”“硬权力”“软权力”等等都是国际关系研究学者耳熟能详的概念，我是学国际关系出身，在发表专业学术论文时对这些概念的应用做过有益的探讨。2010 年，自外交学研究生毕业，获取法学博士学位，之后来到中共海南省委党校工作。时值海南建设国际旅游岛的开局之年，我深深地感受到岛民的淳朴热情，受到那种乐观向上的心态感染，心中总是涌动着为这方热土做点事情的激情。在这个时候，选定海南如何提升国际旅游岛建设进程中的软实力这个主题就成了自然而然的选择。

本书经历了漫长的写作时间，我进行了大量的访谈和调研工作。在撰写过程中，我时常感叹学科之间交叉和融合的特性，本著作突破了单一学科的限制，运用了政治学、旅游学、社会学、法学等学科的相关知识。我在研究国际旅游岛建设进程中的软实力这个问题的时候，基本上做到了关注了旅游但又不局限于旅游，立足于岛内但又不局限于岛内，着眼于软实力但又不局限于软实力，立足于当下但又不局限于当下，研究视野不断开拓，研究内容不断丰富，研究兴趣不断扩展。本书紧扣国际关系研究领域中的“软实力”这个概念，运用国际关系研究学者的宏观思维和战略视野对东盟经验之于海南旅游产业的启示、海洋文化产业的发展、社会文明的发展、法治海南建设、统战工作的海南化等等国际旅游岛建设涉及的问题都进行了不同程度的研究。

要特别感谢中共海南省委党校的领导和同事们。他们对我在工作上严格要求，在生活上无微不至地关怀，他们严谨求实、脚踏实地的工作作风使我受益良多，他们爱岗敬业、为国为民的高尚情操是我学习的榜样。我愿意投入更多的热忱和精力到我挚爱的教学研究工作岗位上去，以实际工作行动回报学校领导和同事的关心和厚爱。

图书在版编目（CIP）数据

国际旅游岛软实力提升研究/李洁宇著．—北京：时事出版社，2017.10

ISBN 978-7-5195-0151-8

Ⅰ．①国…　Ⅱ．①李…　Ⅲ．①地方旅游业—旅游业发展—研究—海南　Ⅳ．①F592.766

中国版本图书馆 CIP 数据核字（2017）第 239732 号

出版发行：时事出版社
地　　址：北京市海淀区万寿寺甲 2 号
邮　　编：100081
发行热线：（010）88547590　88547591
读者服务部：（010）88547595
传　　真：（010）88547592
电子邮箱：shishichubanshe@sina.com
网　　址：www.shishishe.com
印　　刷：北京朝阳印刷厂有限责任公司

开本：787×1092　1/16　印张：11　字数：180 千字
2017 年 10 月第 1 版　2017 年 10 月第 1 次印刷
定价：66.00 元